LA NOVICE

DE

SAINT-DOMINIQUE.

DE L'IMPRIMERIE D'A. CLÒ, RUE SAINT-JACQUES,
n°. 38.

LA NOVICE
DE
SAINT-DOMINIQUE,

ROMAN TRADUIT DE L'ANGLAIS

DE MISS OWENSON (LADY MORGAN);

PAR MADAME DE R***.

TOME PREMIER.

PARIS,
H. NICOLLE, A LA LIBRAIRIE STÉRÉOTYPE
RUE DE SEINE, No. 12.

MDCCCXVII.

LA NOVICE
DE
SAINT-DOMINIQUE.

CHAPITRE PREMIER.

Les yeux de la pieuse et savante Madeleine, comtesse de Montmorell, étoient encore animés par l'expression sévère des reproches qu'elle venoit d'adresser à son petit secrétaire, jeune novice de l'ordre de Saint-Dominique. Celle-ci, la tête baissée, soupiroit, et n'osoit parler. Une seule larme indiscrète glissoit sur ses joues colorées, comme la goutte de rosée sur le calice d'une fleur : elle l'essuyoit légérement avec la tige de sa plume, et attendoit dans un patient silence que les inspirations de la comtesse Madeleine réclamassent de nouveau son travail.

La comtesse avoit déjà passé quatre ans à composer une volumineuse histoire des croisades contre les infidèles et les hérétiques, depuis les premières instigations de Pierre l'Hermite, en 1104, jusqu'au massacre de la Saint-Barthélemi, en 1572. Elle avoit été témoin de ce dernier fait, et s'étoit retirée de Paris pour venir habiter le château de Montmorell, sur les confins du nord de la forêt de Champagne. Cette résidence lui paroissoit mieux appropriée aux travaux d'une personne qui espéroit réunir la réputation profane d'une Anne de Comnène à la pieuse renommée d'une sainte Geneviève. Une séparation totale du monde, et la bibliothèque du couvent des sœurs dominicaines ouvroient une vaste carrière aux profondes méditations de la philosophie, et aux savantes recherches historiques. Mais tandis qu'un zèle ardent et propagateur traçoit ainsi le registre des sombres faits des temps passés, la France gémissoit encore sous les efforts d'une lutte religieuse, et recevoit chaque jour de nouvelles blessures par le glaive de la guerre civile.

C'étoit la veille de la fête de S. Théodore, martyr, et tandis qu'Henri IV assiégeoit la ville de Neufchâtel, que la comtesse Madeleine, à une heure plus avancée dans la nuit que de coutume, dictoit encore à son jeune secrétaire les événemens les plus remarquables du siége de Béziers, où six mille hérétiques obstinés furent passés au fil de l'épée. Un panégyrique explicatif de cet exemple d'ardeur religieuse avoit arraché à la jeune novice un de ces signes désapprobateurs, qui manquoient rarement d'exciter le courroux de sa patronne.

Il se passa quelque temps avant que la comtesse pût rappeler son attention distraite par les commentaires du petit secrétaire; cependant un coup-d'œil sur une page d'un de ses auteurs favoris rétablit l'ordre dans ses idées, et la détermina à finir sa note par cette apostrophe animée : « Oh! s'écria-t-elle, créatures heureuses quoiqu'abusées, vous fûtes ainsi forcées par le pieux zèle de vos persécuteurs, de retourner au bercail que vous aviez abandonné ». Quoi! madame, ils retournèrent donc à la foi qu'ils avoient abjurée, demanda la novice. Ils furent tous mis à mort sans distinction, répondit la comtesse, qui, plongée dans un savant embarras, leva les yeux au ciel, pinça les plis de sa fraise, et se mordit les ongles, s'efforçant de rappeler la pensée fugitive qui devoit arrondir la période de son apostrophe. Tandis qu'elle donnoit en vain la torture à sa mémoire épuisée, une jeune et vive imagination s'élançoit avec ardeur dans des régions chimériques; car le génie de la jeune novice s'élevoit bien au-dessus de la triste occupation à laquelle le sort l'avoit condamnée : elle étoit dans cet âge heureux où l'attention se laisse difficilement fixer sur un seul objet, quand l'esprit l'en distrait sans cesse en lui présentant des images étrangères, ou sous l'apparence d'un plaisir anticipé, ou sous la douce ressemblance d'un bonheur passé.

La comtesse poursuivoit avec une infatigable activité ses savantes conceptions, et le jeune secrétaire traçoit avec le haut de sa plume des caractères invisibles, lorsqu'un son parfaitement en harmonie avec ses idées douces et fantastiques vint frapper son oreille.

La tempête se déchaînoit avec furie : cependant chaque intervalle de calme laissoit entendre plus distinctement les sons mélodieux d'une harpe. La novice, le cœur palpitant et respirant à peine, se leva, et s'avançant doucement vers la fenêtre, elle jeta un regard curieux à travers les châssis. Mais les vitraux peints n'étoient éclairés que par les foibles rayons d'une lune sur son déclin; ils découvrirent seulement à ses yeux les traits d'une antique dame de Montmorell, priant devant la figure effacée de son seigneur armé de toutes pièces. Cependant si elle ne put apercevoir plus distinctement le musicien, au moins elle entendit la musique. Ce n'étoit dans l'éloignement qu'un léger murmure; mais maintenant apportée par la brise, elle s'élevoit sur la terrasse située au-dessous des fenêtres, ensuite elle s'affoiblissoit et se perdoit au milieu du sifflement des vents.

Ravie, transportée par un pouvoir nouveau, la jeune novice resta près de la fenêtre long-temps après que le charme magique fut anéanti : elle croyoit encore entendre les sons que la tempête avoit absorbés, et cherchoit la cause d'un effet si singulier et si délicieux; mais l'imagination même cessa d'être abusée; et Imogène, avec un soupir de regret, revint à sa place au moment où la comtesse Madeleine se levoit en s'écriant : « Il faut que je consulte l'évêque de Beauvais ». N'avez-vous pas entendu la musique, madame, demanda Imogène? La musique! répéta la comtesse d'un air distrait et inattentif.

— Cela ne me paroissoit pas des sons humains, reprit la novice; les ames des saints doivent être reçues dans le ciel avec cette douce harmonie; mon cœur étoit ému, et même il me semble encore que je l'entends? Quoi? demanda la comtesse, sortant de sa rêverie.

— Chut.... je ne me trompe pas, c'est dans le château : le son glisse le long du corridor; écoutez, madame.

La comtesse dont les facultés étoient un peu moins actives que celles de sa compagne, entendit alors pour la première fois ces airs qui avoient excité des sensations si douces; mais ils éveillèrent alors dans son esprit des émotions d'une nature très-différente. Elle s'avança à l'extrémité de la chambre, et tira une porte à coulisse qui ouvroit sur une galerie ménagée dans le haut de la salle où se tenoient les domestiques. L'aïeule de la dame actuelle de Montmorell avoit fait construire cette porte pour obtenir des informations secrètes sur la conduite de ses gens. L'imagination de la comtesse n'alloit pas si loin que celle de son jeune secrétaire; elle pensoit que les chants mystérieux étoient non-seulement des sons humains, mais qu'ils provenoient de quelque divertissement licencieux parmi ses domestiques, et elle fit de la porte invisible l'usage auquel deux générations l'avoient consacrée. A l'instant où elle l'ouvroit, les sons d'une belle voix accompagnée par une harpe, qu'interrompoient souvent de longs éclats de rire, s'élevèrent de la salle d'en bas. Imogène, suivie par la comtesse, s'avança, et s'appuyant sur la balustrade avec un cœur qui battoit à l'unisson de l'air vif et gai exécuté dans ce moment, elle aperçut le musicien environné d'un groupe qui payoit à ses talens un bruyant tribut d'applaudissemens. La comtesse se retira en silence dans le cabinet avec Imogène, ferma la porte, et sonna avec violence la petite cloche d'argent posée sur la table; mais personne ne parut. Théodore est peut-être endormi, madame, dit timidement la novice, qui voyoit avec crainte que la colère menaçoit de mettre la philosophie en déroute; irai-je l'éveiller?

La comtesse prit avec humeur un flambeau, et marcha vers l'antichambre, où, devant les restes mourans d'un grand feu, reposoit le jeune page, que le sommeil avoit surpris pendant qu'il lisoit le roman de la rose.

— Allons, réveille-toi, cria la comtesse d'une voix de Stentor. Le jeune page, à cette voix bien connue, se lève en sursaut, frotte ses yeux, et bégaie une excuse. Veux-tu donc, dit la comtesse, dormir comme Epimenides, toute ton inutile vie. — Madame, je pensois..... — Vous pensiez.... Maintenant tout le monde s'arroge la divine faculté de penser. Eh bien! pensez donc à donner mes ordres à ces débauchés, qui, par leurs grossières réjouissances, troublent mes méditations nocturnes. Le page encore endormi restoit immobile et bâilloit : courez, dit la comtesse, et envoyez-moi Ambroise, ce vieux baladin. Le page tremblant s'inclina et alla chercher le maître d'hôtel. La comtesse rentra dans son cabinet où Imogène écoutoit encore à travers la porte. Depuis vingt ans, dit-elle, en se jetant dans son fauteuil, les éclats d'une grossière gaîté n'avoient plus été entendus dans le château de Montmorell... Je le crois bien, soupira Imogène. — J'apprendrai bientôt quel est cet Orphée moderne. Je l'espère, dit tout bas la novice. — Je ne m'étonnerois pas que ce fût un espion de cet insigne hérétique, le roi de Navarre, s'écria la comtesse. Et quand cela seroit, pensa Imogène. — La province est remplie de ses émissaires et de ses troupes, reprit la comtesse. Puisse le ciel favoriser le héros dans toutes ses entreprises, ce fut le vœu secret d'Imogène. Les ligueurs, continua la comtesse, sont trop temporiseurs; ils devroient se rappeler que pendant la guerre de Troyes, comme aussi dans celle des Grecs contre Xerxès....

Ici l'entrée du maître d'hôtel, suivi de la plus grande partie des domestiques du château, interrompit les savans souvenirs. Le jeune page, mécontent d'avoir été arraché à un rêve délicieux dans lequel il s'étoit vu premier page de la reine Marguerite, et de ne pouvoir prendre part au plaisir dont il trouva que les autres jouissoient, avoit transmis les ordres de sa maîtresse avec un récit de son déplaisir tellement exagéré, que le vieil Ambroise n'avoit pas osé soutenir seul sa colère, et avoit proposé aux domestiques ses complices de partager la punition du crime.

La présence du maître d'hôtel ranima la colère de la comtesse, que la digression sur le roi de Navarre, les Grecs et les Romains avoit un peu apaisée; elle s'écria avec solennité : Lorsque tout se livre au repos, excepté les esprits supérieurs qui dans le silence de la nuit élèvent des monumens pour perpétuer leur génie, que signifient ces réjouissances nocturnes dans les murs du château de Montmorell ? Danseur en cheveux gris, tu présides à ces extravagances ?

— Chère dame, bégaya Ambroise, les Saints sont témoins que je n'ai jamais rien présidé.

— Dites, continua la comtesse, que signifient ces bacchanales, et quel est cet Amphion qui a su charmer des pierres et des bûches ? Les domestiques se regardoient dans un silencieux étonnement.

— Sauf le bon plaisir de madame, dit Ambroise en s'inclinant, ce n'est pas un Amphion, mais un pauvre ménestrel, un troubadour de Provence, qui demandoit, au nom de la sainte Vierge, un abri contre la tempête; e je me serois reproché de laisser un chrétien dehors dans une pareille nuit.

—Un troubadour, répéta la comtesse. Stupide créature, ne sais-tu pas que l'hérésie menace notre foi; que l'anarchie et la guerre civile déchirent le sein de notre pays? Devons-nous admettre dans l'intérieur du château chaque espion huguenot qui prend le déguisement d'un disciple d'Apollon? Ce ménestrel, ce troubadour peut être Satan lui-même rodant pour trouver une nouvelle proie. Les domestiques firent tous le signe de la croix, excepté Béatrix, jeune fille qui surveilloit les ouvrages en tapisserie de la comtesse. Satan! s'écria-t-elle; en vérité, madame, il a plutôt l'air d'un ange que d'un diable.

— Paix, fille déhontée, répliqua sévèrement la comtesse : Vous, monsieur Ambroise, allez chasser à l'instant même ce ménestrel.

— Pauvre jeune homme, dit Ambroise, que les Saints te protégent! Il fait une terrible tempête, et la nuit est si noire! Pauvre jeune homme, répéta Imogène, il est donc jeune? Je croyois que tous les troubadours étoient vieux, aveugles, et portoient une longue barbe blanche.

— Mais, mademoiselle, il n'a pas plus de barbe que sur ma main, sauf, à la vérité, une belle paire de moustaches, ajouta Béatrix; et quant à être aveugle, s'il y a en France deux yeux noirs aussi beaux, je donnerai mon reliquaire d'argent pour rien.

— Béatrix, dit la comtesse, ne pourriez-vous pas apprendre à vous taire?

— Ma bonne dame, reprit Ambroise, je veux être maudit si elle craint qui que ce soit au monde, sans excepter le diable, le père Anselme, ni madame la comtesse: j'ai dit à ces jeunes filles qu'il n'étoit pas bienséant d'entourer ce ménestrel comme elles faisoient.

— Vraiment, M. Etiquette, interrompit Béatrix, il y a si long-temps qu'une créature jeune et belle n'a paru dans ce château, qu'il nous a semblé voir, non pas un homme, mais une merveille.

— Il ne s'agit pas de tout cela, dit la comtesse d'une voix un peu radoucie; la question est de savoir si le musicien sera renvoyé ou retenu prisonnier jusqu'au retour du père directeur, qui est allé visiter les sœurs de S.-Dominique. Je devrois peut-être le voir moi-meme, continua la comtesse, en s'adressant à Imogène, car si, comme je le soupçonne, c'est un espion... Oui, je le verrai, il ne pourra échapper à ma pénétration, et j'entendrai ce qu'il dira.

— Ce qu'il chantera plutôt, cria Béatrix: ah! ma chère bonne maîtresse, faites lui chanter *le joyeux chevalier et la fille au jupon bleu;* j'ai cru en mourir de rire.

— Ambroise, dit la comtesse, doucement, amenez le ménestrel devant moi.

Ambroise se retira d'un air triomphant: les domestiques échangèrent des regards de surprise et de plaisir, et la plus vive attente se peignit dans les yeux brillans d'Imogène. Théodore, dit la comtesse, apportez d'autres flambeaux: Imogène, donnez-moi mon voile; et vous, Béatrix, Blanche et Agnès, placez-vous derrière moi. Ayant ensuite arrangé ses nœuds, sa fraise et son voile, elle attendit le ménestrel dans une attitude de solennelle dignité.

Peu de minutes après, Ambroise l'introduisit : il salua respectueusement, mais non pas servilement ; et posant sa harpe sur son pied droit, il attendit avec dignité les ordres de la comtesse. Sa taille avoit cette élévation qui donne de la majesté au maintien, et cette souplesse gracieuse qui annonce la jeunesse sortant de l'adolescence : les contours de sa figure rappeloient exactement les antiques modèles de la beauté grecque et romaine, et la noble expression de sa physionomie indiquoit une ame qui ne recéloit aucune pensée basse ou vulgaire ; elle étinceloit des vives émanations du génie et d'une ardente sensibilité ; son vêtement étoit conforme à celui que portoient alors les ménestrels ; sa robe, d'un vert sombre, étoit attachée au col, sous les plis de sa fraise, et serrée par une ceinture cramoisi ; les manches, ouvertes au coude, tomboient jusqu'à terre, et découvroient celles de son pourpoint de velours noir, fermées au poignet par des agraffes d'argent. Un ruban écarlate passoit sur son épaule, et servoit à soutenir sa harpe, un peu plus grande qu'une lyre. A sa ceinture pendoit une chaîne terminée par un brillant écusson; et ses cheveux noirs et bouclés dessinoient une tête semblable à celle du jeune Alcibiade. La comtesse tressaillit, et pendant quelques instans admira silencieusement la forme qui se présentoit à la porte du cabinet. Reprenant ensuite son air sévère, elle s'écria brusquement : Parlez, jeune étranger; votre vêtement, votre apparence m'annoncent que vous êtes d'un ordre presque tombé en décadence. Mais d'où venez-vous? et qui êtes-vous en effet pour oser ainsi vous introduire à une heure indue dans mon château, et abuser de l'ignorante simplicité de mes domestiques? Madame, dit l'étranger en s'inclinant profondément, je n'ai point voulu m'introduire en abusant l'ignorance, mais seulement obtenir un abri en intéressant l'humanité.

— Qui êtes-vous? Que faites-vous, répéta la comtesse?

— Par naissance, madame, je suis Provençal ; par profession ménestrel ; par nécessité voyageur, et par sentiment citoyen du monde. Le génie de mon pays m'inspiroit, lorsqu'encore enfant je jouois avec des roseaux sur les rives délicieuses de la Durance. Il m'apprit à moduler mes simples chants, et à imiter les bardes de ma province qui répandoient la connoissance de la poésie dans la vaste étendue du royaume de France, encore plongé dans de gothiques ténèbres. J'ai obéi à ses leçons, et trois fois j'ai remporté sur mes compétiteurs le prix de la violette d'or; trois fois j'ai traversé le Rhône et célébré dans d'autres contrées la supériorité de mon pays, ses prairies toujours vertes, ses vignes pourprées, ses clairs ruisseaux et ses nombreux troupeaux. M'élevant aussi à de plus nobles tons, j'ai chanté les exploits des guerriers et l'immortalité des héros ; et quelquefois (oh! dangereux thème) j'ai osé chercher l'inspiration dans les yeux de la beauté, et chanter la puissance de l'amour. Cette nuit l'esprit errant de ma profession m'a conduit dans la forêt de Montmorell; une meilleure destinée aux portes du château; et, souffrez que je l'espère, mon ange gardien en présence de cette belle et noble dame. Le ménestrel s'inclina encore en finissant son récit, et la comtesse, s'efforçant d'adoucir sa physionomie par une espèce de sourire, répliqua :

— Jeune étranger, je ne doute pas de la véracité de votre relation, et je n'ignore pas quelle estime les anciens accordoient à votre profession. Homère nous apprend que le roi Alcinoüs rendit les plus grands honneurs à son hôte inspiré. Ulysse traitoit avec un profond respect le mélodieux Démodocus. Les Athéniens envoyèrent un ménestrel pour commander les Spartiates, qui vainquirent sous son influence. Anacréon fut accueilli avec bienveillance par Polycrates, tyran de Samos. Les anciens Arabes célébroient l'entrée de leurs bardes dans les villes par des réjouissances publiques, et le meilleur poëte obtenoit pour récompense une robe magnifique, un superbe coursier et une belle fille.

— Oh! que ne suis-je un barde arabe, s'écria le ménestrel avec naïveté, en jetant un regard derrière le fauteuil de la comtesse sur lequel s'appuyoit la jeune Imogène, et il baissa ensuite les yeux en soupirant.

La comtesse, qui avoit intercepté à moitié chemin le regard passionné, en expliqua l'expression d'après les pensées de sa vanité; et après un moment de silence, elle ajouta : Quand je n'avouerois pas les droits de votre profession sur les vrais amis des Muses, les lois de l'hospitalité, qui n'ont jamais été violées dans le château de Montmorell, vous auroient assuré un asile pendant une nuit telle que celle-ci. Je vous confie donc, jeune étranger, aux soins de mon maître d'hôtel; demain vous recevrez votre audience de congé.

Le ménestrel s'inclina en pressant sa main sur son cœur; et suivi par les domestiques, il alloit se retirer, lorsque la comtesse s'écria d'un ton indécis : Restez encore, jeune étranger; je.... Elle s'arrêta; le ménestrel se retourna respectueusement. — Je.... voudrois savoir votre nom? Le ménestrel hésita, fixa les yeux sur le haut de sa harpe; puis, après un moment de silence, dit : Madame, on m'appelle Orlando.

— Vous ne portez pas d'autre nom?

— Aucun autre, madame. Enfant abandonné, je fus protégé pendant mes premières années par le pasteur de Beauvoisin, et ma vie fut ensuite consacrée aux moines des petits Augustins, dont je soignois les troupeaux sur les bords de la Durance.

— Les armes suspendues à votre ceinture semblent annoncer que vous avez rempli un emploi plus élevé.

— Cela est vrai, madame, j'ai été quelque temps le principal ménestrel du baron de Montargis, dont le château est baigné par les eaux de la Durance.

— Vous serviez un hérétique et un rebelle à la cause la plus juste.

— Oui, madame, il se refusoit à reconnoître les droits des ligueurs. Je l'ai quitté pour chercher un meilleur service.

— Puisse la fortune vous être favorable, dit la comtesse : vous pouvez maintenant vous retirer. Le ménestrel obéit.

— Oh! ma bonne maîtresse, dit Béatrix, qui étoit restée avec Agnès un peu en arrière, ne voulez-vous donc par l'entendre jouer et chanter? Il sait toute la balade de Rollo, les tragiques aventures du baron de Couci, et des rondelets sans nombre, que d'ailleurs il m'a promis de me donner; et ce n'est pas un homme sans foi. Permettez-lui donc de revenir; la nuit n'est pas encore avancée.

— Béatrix, dit la comtesse avec un peu d'hésitation, tu ne considères pas qu'il seroit inconvenant à moi d'avoir une plus longue conversation avec ce jeune étranger. Les temps sont bien changés depuis que Marguerite d'Ecosse baisa le savant Alain Chartier endormi. Ce n'est pas l'homme que je baise, disoit-elle, mais les livres d'où sont sortis tant de discours admirables.

— Pourtant, madame, entre baiser un homme et l'écouter chanter, il y a une énorme différence.

— Il n'y en a aucune aux yeux du philosophe; car si pour honorer ce jeune barde je lui accordois un chaste salut, ou si je prêtois une oreille attentive à ses chants, ce seroit toujours un hommage du génie au génie.

— Je vais donc le rappeler, madame?

— Non, Béatrix, non, pas aujourd'hui; l'amour de la poésie ne doit pas être satisfait aux dépens de la dignité de la dame de Montmorell.

— Alors, avec la permission de madame, je vais descendre pour finir une courante que j'avois commencée lorsque Théodore nous a interrompus; car il faut être de Provence pour chanter et danser une courante dans son véritable genre. Aussi j'aurois en vérité sauté au col de ce ménestrel, quand il nous a dit qu'il étoit Provençal.

— Parce que tu as perdu toute modestie, dit la comtesse en colère.

— Mais puisqu'il n'y a pas de différence entre lui donner un baiser ou l'entendre chanter....

— Paix, dit la comtesse avec sévérité; retirez-vous à l'instant dans votre appartement, et ne violez point par votre conduite déhontée la pureté de cette maison.

— Béatrix obéit avec répugnance, suivie par Agnès, qui, avec moins de témérité pour exprimer ses désirs, avoit tout autant de penchant pour les courantes et les rondelets.

Imogène ensevelie dans une rêverie silencieuse, étoit restée appuyée sur le fauteuil de la comtesse, un de ses bras soutenant sa belle tête.

La voix du ménestrel résonnoit encore à son oreille, et son regard rayonnoit encore devant ses yeux, tandis qu'un soupir dont elle ignoroit la cause s'échappoit de ses lèvres.

— Imogène, dit la comtesse; Imogène tressaillit, reprit soudainement sa place, et saisissant sa plume, demanda si elle continueroit le siége de Béziers.

—Non, répondit la comtesse, il est tard, je ne suis pas disposée à composer; les Muses ne sont pas toujours favorables aux veilles de leurs disciples. Je lirai pour préparer mon esprit au repos. Vous pouvez vous retirer dans votre appartement. — Quel livre vous laisserai-je, madame? Voici les souffrances de S. Laurent. — Non, mon enfant, je ne pourrois maintenant soutenir cette lecture. — Voici les confessions de S. Augustin. — Quel est cet autre au bas du tableau de Ste. Marie? — Un vieux volume d'Ovide. — Laissez-moi cela. Imogène posa le livre sur la table, souhaita une bonne nuit à la comtesse, et se retira.

La cloche de la grande salle avoit sonné une heure après minuit. Tous les domestiques étoient endormis; mais Ambroise le vieux maître d'hôtel, qui aimoit les vieilles histoires et le vin vieux autant qu'aucun maître d'hôtel qu'il y eût dans la province de Champagne, étoit encore à l'office avec le ménestrel qu'il régaloit d'un flacon de vin muscat, et d'une ancienne anecdote sur la famille de Montmorell, plus minutieuse qu'intéressante. Le ménestrel l'interrompant tout à coup, dit : Mon cher ami, quel charmant objet étoit donc appuyé sur la chaise de la comtesse? — Quoi! le perroquet de madame, répondit Ambroise; remplissez votre verre, et vous allez en apprendre l'histoire : Notre roi Henri III venoit d'être élu roi de Pologne; c'étoit la veille..... — Vous êtes dans l'erreur, je voulois savoir quelle étoit cette belle fille qui.... — Ah! ah! vous avez l'œil alerte, monsieur le troubadour. Quoi! cette jeune fille au nez retroussé et à la jupe écarlate : c'est Mlle Béatrix. Si Dieu appeloit à lui ma vieille Jacinthe, et que la friponne voulût jeter un œil favorable sur votre serviteur.....

Bon Dieu! s'écria le ménestrel, avec impatience, vous vous trompez encore. Celle que je veux dire a la taille élégante d'une nymphe, et pourroit servir de modèle au génie de la sculpture. La plus touchante modestie adoucit l'aimable gaîté de sa physionomie; et la mode dans son plus heureux caprice, n'inventa rien d'aussi gracieux que son simple costume de novice.

— Très-bien, sire ménestrel, j'aimerois autant entendre madame elle-même quand elle parle des déesses. Personne ne comprend un mot à ce qu'elle dit, excepté le père directeur et Mlle Imogène. — Imogène! c'est là son nom? — Oui, vraiment; et rien ne peut être agréable à votre goût délicat, que notre jeune religieuse? — Religieuse! — Elle doit l'être. — Et par son propre choix? — Je doute que sa vocation soit bien décidée: il y a souvent des disputes entre elle et le père directeur; et quand une fois elle s'échappe du cabinet de madame, elle est gaie comme le printemps. Au reste, elle a plus de bonté et de charité que toutes les dames de Saint-Dominique, en ajoutant même madame, et le père Anselme par-dessus le marché.

— A-t-elle donc les moyens de satisfaire ses vertueuses inclinations? — Mon Dieu non; et c'est grand dommage. Elle a pour tout bien le produit de ses broderies que je vends à la ville voisine quand je vais chercher les provisions. L'argent va aux pauvres vassaux ruinés par la guerre civile; elle veille bien tard pour travailler; et encore après avoir écrit tout le jour chez madame : mon bon Ambroise, me dit-elle avec son air doux et suppliant, donne-moi de la lumière pour cette nuit, je ne te tourmenterai plus de long-temps. Que les Saints bénissent la charmante créature! — Est-elle parente de votre maîtresse, demanda le ménestrel? — Mon Dieu non, elle n'a jamais connu ses parens; on pense que c'est un présent de Saint-Dominique aux dames du couvent.

— Saint-Dominique auroit montré bien peu de goût, ou une grande générosité, en se séparant d'un pareil objet.

— En vérité, je garantirois que vous auriez été moins généreux à sa place, sire ménestrel; cependant il ne s'est pas départi d'elle entièrement, car lorsqu'elle fut recueillie au tour par le portier, elle étoit enveloppée dans un voile grossier, et avoit à son petit cou une croix d'agathe portant les lettres S. D., qui prouvèrent évidemment aux dames du couvent que le Saint vouloit la garder pour lui.

Elle venoit d'entrer dans son noviciat, quand madame la demanda à la communauté pour écrire sous sa dictée de vieilles histoires que je vous raconterois bien; mais dans un quart d'heure le coq chantera pour la seconde fois, et il faut boire notre dernier verre de vin muscat. Ambroise porta la santé du ménestrel, et se leva pour le conduire à l'appartement qui lui étoit destiné.

CHAPITRE II.

Depuis trente ans Catherine de Médicis gouvernoit la France sous le nom de ses trois fils, François II, Charles IX et Henri III, appelés successivement au trône. Il faut diviser pour régner, étoit le principe qui dirigeoit sa vie politique. L'influence toujours croissante des huguenots pendant le règne de son fils Charles, l'attacha plus fortement à la pratique de sa maxime favorite, et lui fournit un prétexte pour fomenter les dissentions, et perpétuer les haines, par lesquelles l'ambitieuse reine mère espéroit balancer ou subjuguer une faction, que chaque jour rendoit plus dangereuse et plus formidable.

Des astrologues avoient prédit que ses fils mourroient sans postérité, et que la couronne passeroit sur la tête d'un prince de la race des Bourbons. Toute la force d'esprit de Catherine ne fut point à l'épreuve de ces jongleries prophétiques, que la crédulité du siècle accueilloit avec confiance et respect; et l'on dut peu s'étonner que le jeune Henri de Bourbon, roi de Navarre, prince du sang royal de France, et l'idole des huguenots, devînt à la fois l'objet de son aversion et de sa crainte. Cependant, par un de ces traits profonds de politique qui la distinguèrent, elle lui offrit en mariage sa charmante fille, Marguerite de Valois. Cette proposition singulière dissipa les soupçons des huguenots, et livra à leur cours naturel les mouvemens d'un cœur sincère et ouvert à la confiance.

Henri accepta l'alliance offerte; mais l'amour n'eut aucune part à sa résolution : son cœur se soumit à la tyrannie de la prudence, et sacrifia ses inclinations aux désirs de son parti, qui se flatta que cette union rétabliroit la paix en France, et plongeroit dans un éternel oubli les factions politiques et religieuses. Les huguenots, éblouis par les magnifiques promesses de Catherine et de son fils, affluèrent dans la capitale, où se faisoient déjà les plus somptueux préparatifs pour les noces du roi de Navarre. Enivrées par les plaisirs de la cour la plus voluptueuse de l'Europe, les confiantes victimes de la cruelle politique de la reine jouissoient des illusions du présent, sans soupçonner les maux dont l'avenir les menaçoit. Le 18 août 1572, Paris retentit des vives acclamations de la joie et du bonheur : c'étoit le jour du mariage du roi de Navarre. Le 24 août 1572, toute la France entendit avec effroi les gémissemens des huguenots assassinés : c'étoit le jour du massacre de la Saint-Barthelemi.

L'histoire a inscrit dans ses annales avec exactitude les sanguinaires exécutions de cette journée; mais les yeux et le cœur veulent parcourir rapidement le récit de ces horribles faits, dont la seule lecture effraie l'humanité. Catherine, qui n'avoit elle-même ni foi, ni préjugés, fit servir à sa politique le fanatisme de ce temps, et excita ses adhérens jaloux et abusés à ce massacre, exécuté avec toutes les circonstances aggravantes que la fureur religieuse, les ressentimens particuliers et l'animosité publique purent inventer.

Le jeune roi de Navarre lui-même, échappé avec peine à la mort, subit une longue captivité, à laquelle il parvint enfin à se soustraire par la fuite; Charles et sa mère triomphèrent dans leurs exécrables machinations, et pendant vingt-six années successives, la France gémit sous les malheurs compliqués qu'avoient produits les actions d'un seul jour.

Charles ne survécut que deux ans au massacre de la Saint-Barthelemi, et Henri III devint possesseur de ce sceptre stérile avec lequel Catherine amusoit l'esprit puéril de ses fils, tandis qu'elle conservoit dans ses mains les rênes du gouvernement.

Ce fut à cette époque que s'éleva en France cette dangereuse confédération, connue sous le nom de la ligue. Elle eut pour chefs les princes de la maison de Guise, pour prétexte la défense de l'Eglise, et pour but secret la subversion de l'Etat. Mais ce profond système de dissimulation, qui caractérisoit la politique italienne, et que Catherine avoit amalgamé avec les principes de Machiavel, la porta dans ce moment critique à se décider pour la ligue qu'elle redoutoit, et à s'unir avec les Guises qu'elle abhorroit. Pendant ce temps, le jeune roi de Navarre, luttant avec des succès variés contre les forces réunies de la cour et de la ligue, se montroit le héros d'une armée de héros, et se trouvoit, comme lui-même l'exprimoit plaisamment, roi sans royaume, mari sans femme et guerrier sans soldats. Ce fut dans cette position que ce prince magnanime, développant un caractère au-dessus de l'humanité, sut ajouter de nouveaux titres aux droits qui l'appeloient à commander aux autres hommes. S'il avoit cette noble ambition qui lutte contre les plus grands obstacles, il possédoit aussi les talens qui savent les surmonter. Il joignoit l'habileté de l'homme d'Etat à l'énergie du héros : dans le cabinet comme sur le champ de bataille, on retrouvoit en lui le génie devant lequel tout s'aplanit.

Il avoit rassemblé le peu de partisans fidèles, que le massacre de la Saint-Barthelemi et la cruelle politique de ses ennemis lui avoient laissés. Les qualités de ces hommes supérieurs compensoient heureusement leur petit nombre. Parmi eux on voyoit Sully, dont la vie compose un si beau tableau de sagesse et de prudence; le maréchal de Biron, justement célèbre par ses talens militaires et son amour pour les lettres; le brave Crillon, qui dut cette épithète à sa valeur; Lanoue, dont les vertus généreuses furent admirées même par ses ennemis, et beaucoup d'autres, à qui le bonheur a plus manqué que le mérite pour obtenir d'aussi honorables distinctions. Ils composèrent un petit corps dont Henri étoit l'ame et le chef. Alternativement vaincu et vainqueur, consentant à des entrevues avec la reine, qui ne produisoient aucun résultat décisif, conduisant ouvertement ses forces au combat, puis signant des trèves aussitôt violées que conclues, ce brave prince soutint les vicissitudes auxquelles il avoit été destiné, avec fermeté et héroïsme.

Pendant ce temps la puissance de la ligue et l'influence des ligueurs avoient fait de grands progrès, le parti royal dut finir par craindre que le dessein de l'ambitieux duc de Guise ne fût de détrôner Henri III, et sa perte fut décidée entre le roi et la reine.

La popularité, les vertus insinuantes, les talens éblouissans du duc de Guise lui avoient acquis un pouvoir qui rendoit son procès public également dangereux et difficile. L'assassinat convenoit mieux aux vues politiques et au désir de vengeance de Catherine. Le duc de Guise fut immolé par les gardes du roi, et dans ses appartemens, où une aveugle sécurité l'avoit conduit.

Sa mort produisit une commotion universelle. Tout Paris s'agita avec une furie qui ne connut aucun frein. Le duc de Mayenne, frère du malheureux duc de Guise, fut déclaré son successeur comme chef de la ligue, et Catherine survécut peu à la victime de sa barbare politique.

Le roi de France, foible et nul, se montroit superstitieux exagéré dans ses discours, et débauché licencieux dans sa conduite. Il essaya vainement de gagner le duc de Mayenne par les offres les plus magnifiques. Alors, usant d'une dernière ressource dans les circonstances fatales qui mettoient en danger sa vie et sa fortune, il rechercha l'alliance du roi de Navarre. Cette confiance illimitée qui distingua si éminemment le noble caractère du brave Henri, et que tant de trahisons n'avoient pu affoiblir, le fit accéder à toutes les propositions. Les deux rois se rencontrèrent à Tours, s'embrassèrent avec une tendresse fraternelle, et jurèrent une inimitié commune à la ligue.

La mort du roi de France suivit de près cette transaction; il fut assassiné par un jeune moine fanatique, de l'ordre de Saint-Dominique; et Henri de Bourbon, qui unissoit dans sa personne les trois branches de la maison régnante, lui succéda comme légitime héritier du trône français. Il prit le titre d'Henri IV, roi de France et de Navarre. Ainsi s'accomplirent les prédictions des astrologues, qui avoient attiré sur lui, pendant les plus belles années de sa vie, la haine et les persécutions de Catherine de Médicis.

La France ne pouvoit souhaiter un maître plus digne de la gouverner, plus capable et plus empressé de réparer les pertes qu'elle avoit souffertes, et de lui rendre la paix et la prospérité que les commotions politiques avoient détruites. Cependant un grand nombre de ses enfans, aveuglés par l'esprit de parti et par un fanatisme insensé, s'opposèrent à son élévation au trône de ses ancêtres, et présentèrent sa religion comme un obstacle insurmontable. Les ligueurs avoient une armée quatre fois plus nombreuse que celle qui entouroit l'étendard royal, et les plus belles provinces du royaume continuoient à être en proie aux horreurs de la guerre civile.

Toujours combattant, repoussé quelquefois, jamais abattu, adoucissant la valeur la plus intrépide par la modération et la générosité, le royal Henri paroissoit doué d'une force d'ame et d'une vertu plus qu'humaines. Vivant au milieu de ses troupes, il partageoit leurs travaux et récompensoit leurs efforts; sa gaîté constante les animoit, tandis que sa prudence pourvoyoit à leur sûreté, et son exemple leur enseignoit à mériter des succès préparés par son génie. Les célèbres batailles d'Arques, d'Ivri et d'Aumale, avoient inscrit le nom du héros sur les registres de l'immortalité : mais après s'être illustré de nouveau par des faits glorieux sous les murs de Rouen, il fut forcé de lever le siége de cette ville, et marcha sur Neufchâtel. Ce fut dans l'intervalle qui s'écoula entre ce dernier siége et celui d'Epernai, que le jeune ménestrel de Provence parut aux portes du château de Montmorell.

CHAPITRE III.

Nous sommes dans un siècle barbare, disoit la comtesse Madeleine, en revenant un matin de la cour brillante et animée de Catherine de Médicis : « les courtisans sont tous des Goths et des Vandales. »

La comtesse atteignoit alors cette époque critique de l'existence des femmes, où la jeunesse et la beauté commencent à suivre un cours rétrograde. Sa trente-deuxième année venoit de s'accomplir : elle n'étoit pas mariée, et ce jour même, ayant paru à la cour avec une splendeur orientale, elle avoit été complètement négligée : c'étoit sans doute à cela que se rapportoit la barbarie du siècle, et le vandalisme des courtisans.

La nature avoit traité la comtesse en marâtre ; sa figure faisoit ressortir avec plus d'avantage les beautés piquantes de la cour de Catherine. Malheureusement elle aspiroit avec passion à cette célébrité qu'une femme n'obtenoit alors que par la double séduction des grâces et de la beauté;

mais les assauts répétés du temps obligèrent la comtesse à changer le plan de sa vie. Je réformerai le goût du siècle, se dit-elle, je le réformerai entièrement; en conséquence elle protégea Baïf, écrivit à Montaigne, prit Jeanne de Bourbon pour modèle, et se décida à faire une nouvelle traduction de Pline. De la pédanterie sans génie, de l'érudition sans choix, quelque savoir mal ordonné la rendirent alors l'objet des plaisanteries de tout ce que Paris renfermoit de gens aimables et à la mode.

Le monde, dit la comtesse, est plongé dans l'ignorance grossière des premiers âges, et faisant subir à son plan une nouvelle métamorphose, elle descendit de ses échasses philosophiques pour adopter les vertus rigides d'une humble pélerine chrétienne; mais l'esprit religieux faisoit alors peu de prosélites à la cour comme à la ville, et le directeur de la comtesse, frère de l'ordre de Citeaux, lui persuada facilement de se retirer en Champagne dans un château, dont la mort de son frère venoit de la mettre en possession, pour travailler à son salut, fonder un monastère et composer l'histoire des croisades, entreprise qui s'accordoit également avec ses talens et ses sentimens.

Le père Anselme eut la surintendance du saint édifice qui devoit immortaliser sa piété, comme elle pensoit que son ouvrage immortaliseroit son érudition ; l'espoir secret d'être un jour le chef de la communauté dont il construisoit le berceau, stimuloit si activement le père directeur, que le bâtiment s'élevoit avec une étonnante rapidité. Il n'en étoit pas ainsi des travaux savans de la comtesse ; ils sembloient s'accroître en sens inverse des efforts qu'elle faisoit pour les terminer. Un manque total de liaison dans les faits, des anachronismes fréquens, une foule de détails minutieux, et des plagiats trop évidens, troubloient le cerveau de l'auteur, qui, pour sauver sa dignité, assuroit que le défaut de secrétaire causoit tout ce désordre.

Je pense, dit un jour la comtesse au père Anselme, que vous pourriez me trouver quelque jeune frère de votre ordre, pour être a la fois aumônier et secrétaire ; il faudroit seulement qu'il eût une belle écriture et sût assez de latin pour traduire les Pères avec exactitude.

Un jeune frère de mon ordre, répéta en lui-même le père étonné, et cette demande heurta tout à coup mille petits intérêts personnels. Je ne puis m'offrir moi-même, pensa-t-il, car indépendamment de la surintendance du monastère, il postuloit la vacance prochaine d'un prieuré voisin, il venoit d'être installé directeur des dames de Saint-Dominique, et gouvernoit les affaires spirituelles et temporelles de la comtesse.

— Mes travaux sont grands, les bénéfices aussi, murmuroit tout bas l'avarice; mais décidément je ne puis introduire ici un compétiteur, même de mon ordre; cependant, puisqu'il lui faut un secrétaire, je lui en donnerai un, et ce sera la petite Imogène de Saint-Dominique.

Lorsque saint Dominique avoit obtenu la sanction du pape Honorius III, pour fonder un couvent de femmes, une douce et bienveillante humanité lui avoit fait insérer dans les statuts cette clause, que les sœurs pourroient recevoir et élever les enfans du malheur déposés sous leurs portiques sacrés par l'ange-gardien de l'innocence abandonnée. Parmi les petites victimes du sort ainsi admises dans la communauté, il en étoit une qui avoit été remise au tour dans sa première enfance. Les sœurs l'appelèrent Imogène, parce que ce nom étoit gravé sur une petite croix suspendue à son cou; et elles la vouèrent à saint-Dominique, parce que le revers de cette même croix portoit les initiales S. D. Une légère cicatrice fut remarquée sur la tempe gauche de l'enfant. L'abbesse ayant su que sainte Thérèse en avoit une semblable, toutes les sœurs virent un mystère dans cette coïncidence, excepté pourtant la sœur Stéphanie, qui plaisantoit sans cesse sur leurs conjectures mystiques.

La petite Imogène se distingua bientôt par une piété exaltée, qui fit espérer que sa canonisation seroit inscrite un jour dans les saintes annales du couvent, et l'abbesse fut regardée comme une prophétesse. Un vieux frère, prédécesseur du père Anselme, avoit appris à écrire à la jeune enfant, et lui avoit enseigné assez de latin pour lire les SS. Pères, qui n'avoient pas écrit seulement pour montrer leurs connoissances approfondies des beautés de cette langue.

A treize ans, non-seulement elle avoit lu les ouvrages de saint Grégoire de Naziance, mais elle répétoit, d'une manière imperturbable, tous les argumens avancés dans les longues disputes qui subsistoient alors entre les Capucins et les Dominicains. C'est une seconde sainte Thérèse, disoient les sœurs, et la rougeur d'une ambition satisfaite coloroit les joues de la jeune novice : sainte Thérèse étoit le but de perfection que son émulation s'étoit proposé, et sachant qu'elle lui ressembloit extérieurement, elle affectoit d'imiter aussi sa vie et ses actions.

La délicatesse presque aérienne de sa personne, la disposition de son caractère, et la nature de ses études, tout la portoit à recevoir les illusions brillantes d'une imagination ardente et exaltée, comme des réalités incontestables. Déjà la petite sainte avoit ses extases et ses visions; son esprit, quoique doué de force et d'intelligence, ne pouvoit rectifier les erreurs de la raison par les observations de l'expérience. Ce petit prodige divisoit les sœurs de Saint-Dominique en deux partis; les plus jeunes la haïssoient, parce qu'elle leur étoit supérieure; les vieilles la chérissoient, parce qu'elles la regardoient comme l'édification et la gloire future du couvent. La sœur Stéphanie seule, plus modérée dans ses sentimens, admiroit ses talens, et se moquoit de son exaltation.

Es-tu toujours déterminée à être une sainte, dit-elle un jour à la jeune novice, en revenant de matines ?

— Puis-je être quelque chose de plus, demanda la novice avec feu ?

— Tu es ambitieuse, dit la sœur, et l'ambition n'est pas la vertu des Saints.

— Mais c'est donc une vertu, répliqua vivement Imogène ?

Que voudrois-tu être, si tu vivois dans le monde, reprit la sœur esquivant la réponse ? Dans le monde, répéta la novice en rougissant; dans le monde! Tout ce que j'en ai entendu raconter ne me satisferoit pas, je voudrois mieux.. .. mais, ajouta-t-elle avec un soupir, je ne quitterai jamais le couvent, et ici je ne puis être qu'abbesse ou sainte.

La sœur Stéphanie, attaquée depuis long-temps de la consomption, se plaignit de sa foiblesse, et pour la première fois elle passa son bras sous celui de la novice : celle-ci, touchée de sa condescendance, pencha sa belle tête, et pressa de ses lèvres la main qui reposoit sur la sienne.

— Vas, dit la sœur, tu es dangereuse : je voudrois pourtant ne pas t'aimer ; car, ajouta-t-elle en frémissant, tu es trop exaltée. — Je veux être une sainte, reprit la novice avec simplicité. — Tu ferois mieux d'être une véritable chrétienne, répondit la sœur. — Apprenez-moi donc à devenir ce que vous voulez que je sois, reprit la novice avec une douceur irrésistible. De ce moment la sœur Stéphanie et la novice de Saint-Dominique furent inséparables.

Telle étoit la personne que le père directeur destinoit à être secrétaire de la comtesse de Montmorell.

L'abbesse s'abuse sur le compte de cette enfant, dit-il ; elle a de la piété, de la foi, et sait un peu de latin, mais ce n'est pas un génie ; et dans sa simplicité enfantine, elle m'adresse des questions qui embarrasseroient un conclave : à la vérité elle a commencé son noviciat, mais il peut être prolongé sans inconvénient.

La comtesse Madeleine accepta avec répugnance l'échange du jeune frère de l'ordre de Citeaux, pour la jeune novice de Saint-Dominique, et l'abbesse comprenant l'avantage qu'il y avoit à placer cette enfant de la communauté auprès d'une personne si riche et si pieuse, consentit à retarder sa profession jusqu'à ce que la comtesse eût fini ses croisades.

La novice apprit avec des transports peu conformes aux préceptes de sa vocation, sa translation projetée du couvent au château. Elle reçut à genoux, des mains de l'abbesse, un petit reliquaire d'argent, et promit de venir chaque dimanche au couvent. Je te donne cette pieuse relique, dit l'abbesse, afin qu'elle te préserve des tentations d'un monde impie et corrompu. La novice la baisa dévotement, et se releva ensuite avec une joyeuse légéreté.

Cependant, lorsqu'assise dans la litière de la comtesse, elle fit voltiger l'extrémité de son voile vers les religieuses qui remplissoient les fenêtres du parloir, des larmes s'échappèrent de ses yeux, et ses lèvres murmurèrent un doux et tendre adieu : sa litière se mit en mouvement. Imogéne jeta encore ses regards sur le sombre et solitaire édifice qu'elle venoit de quitter, puis les reporta sur la brillante perspective qui s'offroit à sa vue: alors elle tressaillit de joie sur son siége; ses joues se colorèrent, et son cœur battit violemment : le monde lui étoit inconnu, et elle avoit seize ans.

Imogène savoit réellement si peu de latin; le changement de sa situation avoit tant augmenté la vivacité naturelle de son caractère, que loin d'aider la comtesse, elle brouilla ses papiers, fit des copies inexactes, et des traductions encore pires. Les Pères n'avoient plus de sens, et les Saints parloient avec une légéreté profane. La comtesse enrageoit, et le directeur, craignant le retour du jeune frère de Citeaux, entreprit, non-seulement d'instruire le jeune secrétaire des devoirs de son emploi, mais de l'aider dans ses études classiques.

Imogène, avide d'instruction, profita

si bien des leçons de son précepteur, qu'en peu de mois elle eut vaincu toutes les difficultés, et sut assez se pénétrer des délicatesses de l'idiôme, pour découvrir dans les Pères des fautes contre l'élégance, qu'elle relevoit avec une liberté qui paroissoit peu édifiante au père Anselme. Les travaux littéraires de la comtesse étoient exactement des veilles, car elle se levoit tard, et passoit la matinée dans son oratoire, dans sa chapelle, ou dans une chambre destinée aux ouvrages de tapisserie que faisoient ses femmes. La plus grande partie du jour restoit donc à la disposition d'Imogène, et elle la passoit ordinairement dans la bibliothèque que le dernier seigneur de Montmorell, homme attaché à l'étude, avoit composée avec soin. Jusque là les lectures de la jeune novice avoient été restreintes à la légende dorée, aux vies des martyrs, et aux ouvrages de saint Grégoire. Un monde nouveau s'ouvrit à un esprit doué d'une intelligence naturelle, de ce désir insatiable d'apprendre, qui indique les plus nobles facultés de l'ame, et de cette variété de talens, caractère distinctif du génie. Cette régénération morale fit éprouver à Imogène la sensation de l'aveugle né, qui, recouvrant le précieux sens de la vue, parcourt, pour la première fois, les merveilles de la création, admire et adore.

Les deux Plines, l'élégant Tibulle, Virgile, et les héros de Plutarque remplacèrent S. Grégoire et la légende; et si Imogène avoit autrefois pensé que rien ne pouvoit être appris hors du couvent, maintenant l'exaltation toujours outrée de son imagination lui persuada que rien ne s'apprenoit au couvent. Elle voulut repousser des raffinemens mystiques, qui, à ses yeux, défiguroient la pureté et la beauté de la religion; et croyant élever son vol dans le sein de la vérité, elle rencontra d'autres erreurs plus séduisantes sans doute, mais bien plus dangereuses. Je veux être une sainte, disoit-elle, mais je veux fonder ma secte. Ma religion ne sera point puisée dans les livres, ni changée en système; son essence est dans mon ame. Elle ne m'apparoîtra pas comme un ange menaçant et vengeur, mais comme un esprit de paix, d'amour, d'éternelle félicité.

C'étoit pour de tels sentimens imprudemment exprimés, que le père Anselme la menaçoit de toute la colère de l'Eglise, et lui imposoit de sévères pénitences. Cependant la petite enthousiaste suivoit au moins un des préceptes de S. Paul, elle rioit avec ceux qui rioient, pleuroit avec ceux qui pleuroient, et les plus vives émotions de son cœur prenoient toujours leur source dans la joie ou le chagrin éprouvé par un autre.

Deux ans de séjour au château l'avoient rendue nécessaire à la comtesse, sans produire cette intimité que la sympathie des ames peut seule établir. Occupées des mêmes études, également séparées du monde, mais avec des caractères opposés, elles prouvoient que des circonstances semblables, quand elles opèrent sur des esprits différens, produisent des effets entièrement disparates.

La liberté, que le secrétaire commençoit à déployer dans ses conversations et dans ses opinions, attira les soupçons et les reproches de la comtesse. Mais Imogène agissant plutôt par les inspirations d'une orgueilleuse conviction que par celles de la prudence, combattit les argumens de sa patronne et du père avec une vivacité irrésistible; et alors, si un surcroît de sévérité lui faisoit expier ses triomphes momentanés, elle s'écrioit plaisamment avec le roi d'Epire : Une autre victoire comme celle-ci, et je suis perdue. Les plaintes de la comtesse portèrent l'alarme dans le couvent de Saint-Dominique : les erreurs de la jeune novice devinrent bientôt un sujet de discussion dans la communauté. Sœur Agnès demanda qu'elle fût rappelée sur-le-champ : la sœur Marie pria pour cette ame égarée; la sœur Stéphanie sourit et garda le silence; mais l'abbesse qui ne vouloit pas voir ses anciennes prédictions sur la sainteté d'Imogène aussi fortement démenties, regarda les soupçons de la comtesse comme les appréhensions trop vives d'une piété ardente, et lui recommanda seulement de ne pas épargner à la novice les admonitions et les pénitences les plus rigoureuses. L'avis de l'abbesse fut suivi, et cependant le mal sembla s'accroître par le remède même destiné à le détruire; car pendant ce temps, le germe d'ambition que les religieuses elles-mêmes avoient fait naître dans le cœur de leur jeune novice, se développoit insensiblement; elle n'aspiroit plus à obtenir une place parmi les esprits canonisés, mais un vif désir de supériorité agitoit encore son cœur. Attirée par les qualités éclatantes plutôt que par les vertus sévères, elle adoptoit les brillantes théories de son imagination; négligeoit une réalité froide et uniforme, et s'enflammoit pour un beau idéal de sa propre création. Insouciante et sans défiance, elle prouvoit fréquemment par sa conduite que le bon sens n'est pas l'allié inséparable du génie, et l'extrême vivacité de son caractère n'étoit arrêtée que par une douceur et une bienveillance, qui s'effrayoient à la plus légère possibilité d'offenser. Son cœur ardent et sensible se livroit à ses sensations avant que la raison pût en examiner et en avouer la cause. Avide de ces délicieuses émotions, qui donnent des momens de ravissement plutôt qu'un bonheur permanent, elle accédoit à cette dangereuse maxime : « qu'un moment de vrai plaisir vaut un siècle d'existence. » La naïveté piquante de ses manières montroit qu'elle cédoit toujours à l'influence des impressions du moment, sans se soumettre aux préceptes variables de la mode, ni aux formes gênantes et quelquefois grotesques de la coutume.

Naturelle, originale, elle inspiroit un intérêt vivement senti avant qu'on pût en pénétrer la cause. Cependant elle n'étoit pas parfaitement belle. La sensibilité de son ame donnoit à sa figure une attrayante mobilité, qui en faisoit le plus doux charme. Sa taille souple et arrondie, mais peu au-dessus de la stature ordinaire, recevoit une grâce particulière de ses gestes expressifs, qui indiquoient toujours sa pensée ; et il y avoit dans l'ensemble de sa personne un charme inexprimable, qui, selon la description philosophique de l'ame, étoit « tout dans le tout et tout dans chaque partie » : la nature n'auroit pas eu besoin de la douer du plus dangereux attribut d'une femme, de l'éloquence, pour en faire un orateur persuasif. Sa voix harmonieuse, variée et remplie de douceur, étoit l'organe de son ame : tantôt murmurant avec une caressante tendresse, elle touchoit le cœur et adoucissoit le chagrin : tantôt animée par une vivacité folâtre, elle répandoit la gaîté autour d'elle, et sembloit toujours ajouter par ses accens une nouvelle force à l'expression de ses paroles.

Le mystère qui cachoit la naissance de la jeune novice, ne pouvoit exciter ni étonnement ni curiosité dans un couvent, où se reproduisoient tant d'exemples du même genre; mais c'étoit un sujet perpétuel d'intérêt et de réflexions pour son cœur, qui cherchoit vainement une tendre sympathie dans la sphère étroite de son existence. Imogène s'égaroit avec délices dans des spéculations fantastiques, qui la rendoient aux caresses de l'amour paternel et à toutes les affections sociales. Quoi! s'écrioit-elle, dans ces accès d'un espoir romanesque, si mon père et ma mère vivoient; si je n'avois pas été arrachée de leurs bras dans mon enfance, ou si maintenant un hasard heureux les conduisoit dans l'asile qui m'a reçue, oh! je le sens, je les reconnoîtrois entre mille étrangers, je me jetterois dans leurs bras, et je mourrois de bonheur en recevant leurs embrassemens. Les religieuses sourioient quelquefois de son enthousiasme; mais le plus souvent elles l'exhortoient à se détacher des affections humaines, et à en réprimer les effets par le jeûne et la prière.

Pendant un hiver rigoureux un rouge-gorge avoit cherché un abri dans la cellule d'Imogène, qui le réchauffa dans son sein, et sentit son cœur battre avec autant de violence que celui du petit fugitif. Il apprit bientôt à se nourrir dans sa main et sur ses lèvres. Tant que le jour duroit il voltigeoit autour d'elle, et la nuit il reposoit sur son sein. Instruit par sa tendre maîtresse, il rendoit avec la même vivacité les caresses qui lui étoient prodiguées; mais bientôt il périt sous la griffe d'un chat impitoyable : Imogène fut au désespoir, et l'abbesse la réprimanda sévèrement pour cette foiblesse extravagante. Il faut bien aimer quelque chose, dit la novice en pleurant.

— Où est la nécessité, demanda froidement l'abbesse?

— Ici, répliqua la novice, en pressant sa main sur son cœur; et ses yeux s'élevèrent vers le ciel avec l'expression de la reconnoissance.

CHAPITRE IV.

La comtesse n'étoit pas revenue de matines depuis plus de cinq minutes, quand le ménestrel, le lendemain de son arrivée, fut appelé pour recevoir son audience de congé. Ambroise le conduisit à l'entrée de la grande galerie, où la comtesse debout, près d'une fenêtre éloignée, paroissoit causer vivement avec son directeur. Ils se retournèrent l'un et l'autre, et fixèrent les yeux sur l'étranger. Les regards du père furent sévères, pénétrans et scrutateurs; car il voyoit dans le ménestrel le jeune frère de l'ordre de Citeaux, ou peut-être quelque chose de plus dangereux encore.

Le ménestrel s'aperçut promptement qu'il étoit appelé pour satisfaire la curiosité du père, et non pas pour recevoir une permission de partir, que les regards adoucis de la comtesse sembloient lui refuser. Les questions du directeur furent nombreuses, adroites, embarrassantes, et les réponses du ménestrel simples, ingénues et plausibles. A la demande de la comtesse, il répéta sa petite histoire avec une invariable exactitude. C'est trop simple pour ne pas être vrai, dit la comtesse doucement : et trop insignifiant pour avoir besoin d'un commentaire, répliqua le père d'un ton satirique; et, reprenant leur première position, ils parurent commencer une querelle à voix basse. Dans ce moment Imogène s'avança directement vers eux, traversant la galerie d'un pas léger. Ses yeux levés rayonnoient de la flamme du génie, et la teinte qui coloroit ses joues s'affoiblissoit ou devenoit plus vive selon les impulsions de son imagination agitée. Son voile étoit tombé sur ses épaules, et découvroit les beaux contours de son charmant visage.

C'étoit la tête d'une Sapho; il manquoit seulement à sa physionomie la voluptueuse langueur qui caractérisoit celle de l'amoureuse Lesbienne. C'étoit plutôt la tête d'une sainte Cécile ravie par le charme de la musique. D'une main elle tenoit un crayon suspendu sur les tablettes que l'autre soutenoit, et elle sembloit chercher à se rappeler quelque pensée heureuse, mais fugitive, dont une foule d'inspirations poétiques l'avoient distraite un moment.

Le père directeur n'avoit pas subjugué toutes les foiblesses de la nature, et le point débattu entre lui et la comtesse étoit trop peu favorable à l'oubli entier des intérêts humains, pour qu'il n'eût pas quelque peine à réprimer l'amertume de son zèle, quand la novice de Saint-Dominique parut pour recevoir sur sa tête innocente tout le poids de son ressentiment.

— Pourquoi êtes-vous maintenant ici fille? dit le père avec sévérité. Imogène tressaillit, le charme se dissipa, le génie poétique disparut, elle passa à la hâte ses tablettes dans sa ceinture, remit son voile, et adressa au père le salut du matin. La comtesse restoit appuyée d'un air pensif contre le châssis de la fenêtre; et l'un des piliers gothiques qui soutenoient la galerie cachoit le ménestrel, lorsqu'Imogène, emblême de la gaîté et de la santé, s'avança vers eux.

— J'avois espéré, dit le père directeur, oui, j'avois espéré qu'une maladie vous avoit empêché d'assister aujourd'hui à matines; car je n'admets pas de comparaison entre les souffrances temporelles d'un corps périssable et les tortures éternelles de l'ame; mais ces joues florissantes, cette démarche légère, ce sourire à peine comprimé, annoncent trop évidemment que la santé du corps est robuste, mais que l'ame est mortellement atteinte. — Père, répondit Imogène avec simplicité, je ne savois pas que la santé fût un crime. — Nous abandonner aux désirs vagues et coupables qu'une santé surabondante inspire, et négliger, pour les satisfaire, nos devoirs religieux, cela est criminel. — Fille, pourquoi n'étiez-vous pas à matines?

— Cher père, Dieu est témoin que mon intention étoit d'y assister, et j'avois même déjà atteint la chapelle, quand j'ai rencontré.... — Qui, dit le père d'un ton triomphant? — Qui, demanda la comtesse, en jetant un regard vers le pilier? — Qui, répéta le père avec aigreur, t'éloigne ainsi de tes devoirs, et se place entre ton ame et le ciel? — En vérité, bon père, répondit gravement Imogène, c'étoit.... un papillon. — Fi! dit le père humilié.

— Mais père, ajouta-t-elle gaîment, permettez-moi d'en appeler à votre foi. La sainte Ecriture ne nous apprend-elle pas que celui qui méprise les petits mérite de périr lui-même.

— Cette bagatelle nous fait perdre de vue notre affaire, dit le père en se tournant brusquement vers la comtesse. — Vous traitez ses erreurs avec trop de douceur, dit celle-ci, pour éluder la question.

— Je vous prie, père, continua Imogène, appuyant l'extrémité de ses jolis doigts sur la manche du moine, le terme grec n'est-il pas le même pour désigner l'ame et un papillon, et ne m'avez-vous pas raconté que les Grecs représentoient l'ame s'exhalant des lèvres du mourant sous la forme de ce charmant insecte. C'étoit une belle idée, et dont la justesse m'a souvent frappée, quand je sentois mon esprit inquiet prenant l'essor bien au-delà du point que le sort lui a fixé, et confiant à l'avenir toutes ses espérances de bonheur. Mais ce papillon... il fuyoit l'obscurité du cloître, c'est bien naturel; sans y penser, j'ai suivi sa course errante; ses ailes d'or et de pourpre brilloient à chaque rayon du soleil. Il étoit si libre, si folâtre, si indépendant, que j'ai soupiré, souhaité d'être un papillon, et je l'avoue... j'ai oublié mes matines.

— Ces rêveries d'une imagination désordonnée, interrompit impatiemment le père, ont été tolérées jusqu'ici dans un enfant; mais elles deviennent impies dans une personne qui approche de l'heure d'une sainte initiation aux mystères sacrés de l'Eglise. — Mais, révérend père, cet honneur doit-il m'empêcher d'adorer la Divinité dans ses ouvrages. — Adorez-la, fille, dans votre cellule, dans des temples, dans une retraite monastique; elle n'en exige pas davantage. — Alors, puissent les offrandes de mon cœur être acceptées, quoiqu'elles ne soient pas exigées. Ce matin, lorsque m'éloignant de la chapelle, j'ai été entraînée vers cette riante vallée où toute la nature chantoit les louanges du Créateur, croyez-vous que mes oraisons aient été moins ferventes qu'elles ne l'eussent été dans ma cellule? Je respirois un nouvel être avec le souffle embaumé du matin; chaque fleur couverte de rosée ouvroit son sein à l'influence des rayons du soleil; chaque oiseau chantoit une hymne de bonheur, et chaque feuille tremblante sembloit murmurer les louanges du Très-Haut; pensez-vous qu'au milieu de cette scène mon cœur seul fut silencieux? Mon père, les larmes d'une pieuse reconnoissance ne sont pas encore séchées sur mes joues, ces larmes ont été mon sacrifice et ma prière du matin.

— Père, dit la comtesse, votre patience m'étonne; les opinions de Spinosa lui-même ne sont pas plus dangereuses. — Ma chère fille, s'écria le père en levant les yeux au ciel, je la recommande à vos prières et à vos exhortations. Espérons que ses égaremens tiennent à la foiblesse de son cerveau plutôt qu'à la corruption de son cœur; murmurant ensuite quelques mots bas à la comtesse, il ajouta à haute voix: vous savez qu'un devoir sacré m'appelle au consistoire de Sainte-Menehould. J'y passerai quelques jours; pendant ce temps, je vous confie à la garde des Saints.

La comtesse s'inclina. — Et toi, jeune étranger, poursuivit le père, marchant vers le ménestrel, toi qui as reçu si libéralement l'hospitalité, pars en paix, tu ne peux rester ici plus long-temps; c'est la volonté de la comtesse de Montmorell.

Vas, et que saint Dominique te protége.

Le ménestrel, appuyant ses mains sur son cœur, salua la comtesse avec reconnoissance, et le père avec soumission. Celui-ci se retira d'un air patriarchal et solennel. Ce fut alors que pour la première fois Imogène s'aperçut de la présence du ménestrel ; ce fut alors que pour la première fois elle éleva vers lui ses timides regards, et rencontra des yeux dont l'expression avoit un charme inexprimable ; elle frappa le cœur d'Imogène, et y produisit une sensation douce et nouvelle. Mais la timidité d'une jeune recluse arrêta l'enjouement de la jeunesse et comprima la vivacité du caractère. Imogène, troublée et confuse, avança son voile, et joua avec le rosaire attaché à sa ceinture.

La comtesse Madeleine, avec l'air du doute, de l'hésitation et du regret, restoit toujours silencieusement appuyée près de la fenêtre, lorsque jetant un regard dans la cour, elle aperçut le père qui montoit en litière. Il leva les yeux sur elle ; une foible bénédiction arriva jusqu'à son oreille : aussitôt ses résolutions se raffermirent ; elle se retourna vers le ménestrel qui se retiroit lentement, et sembloit aussi indécis qu'elle-même.

Jeune étranger, dit-elle avec une douceur affectée, poursuivez votre chemin : puissent Apollon et les Muses, sourire à vos chants ; puissent les Saints vous protéger dans vos courses errantes.

Après cette invocation moitié payenne, moitié chrétienne, la comtesse se retira majestueusement, et dans sa préoccupation, elle ne remarqua pas que la novice restoit en arrière.

La comtesse avoit disparu depuis près d'une minute, lorsqu'Imogène s'aperçut de sa position ; elle tressaillit et se glissa devant le ménestrel en inclinant légèrement sa tête. Le ménestrel salua profondément ; quand l'image de son patron auroit passé devant lui dans une procession solennelle, sa physionomie n'auroit pu exprimer plus fortement un pieux respect, un hommage fervent.

Déjà Imogène atteignoit le haut du grand escalier qui conduisoit à la salle d'en bas, quand la voix du ménestrel attira son attention, elle entendit le bruit de ses pas qui sembloit l'écho des siens. Arrêtez, madame, dit-il d'un ton suppliant, arrêtez un moment.

Imogène se retourna surprise et confuse ; le ménestrel baissa les yeux et garda le silence ; mais ce silence étoit l'éloquence même. Une crainte modeste retenoit l'expression de la prière qui sembloit errer sur ses lèvres, et qu'Imogène lut dans ses yeux aussitôt qu'il les leva vers elle.

Que voulez-vous, demanda doucement la novice rassurée par la confusion évidente du ménestrel? Le ménestrel soupira, et posa la main sur son cœur. — Voulez-vous que j'exerce en votre faveur ma petite influence sur la comtesse? — Vous êtes la bienveillance même, dit le ménestrel, saisissant avec vivacité le sens qu'elle avoit donné à ses désirs, et vous avez prévenu ma demande. — Apprenez-moi alors ce que je puis faire pour vous servir, répondit Imogène les yeux baissés, mais avec un léger sourire d'encouragement. — M'obtenir de la comtesse la permission de rester quelques jours de plus sous ce toit hospitalier.

— Hélas! votre demande excède mon pouvoir. La comtesse est péremptoire dans ses décisions; et quand même celle qu'elle vient de prendre ne seroit pas contraire à vos désirs, elle ne combattroit pas l'opinion de son directeur qui, je le crains, ne vous est pas favorable. — En vérité, s'écria le ménestrel! — En vérité, reprit Imogène; il ne veut pas que le château serve d'asile aux étrangers, et peut-être dans ce temps malheureux l'humanité réclameroit-elle contre cette excessive rigueur. — Hélas! vous me refusez donc? — Non; mais je n'ose pas hasarder une demande qui présente si peu d'espoir de succès; changez-la, cette prière, et mettez à l'épreuve mon désir de vous être utile. La comtesse Madeleine est riche, amie des arts... Imogène s'arrêta. La délicatesse d'un jeune esprit, relativement à des intérêts pécuniaires, retint l'offre qu'elle alloit faire au nom de la comtesse.

Cette harpe n'est pas l'attribut d'un mendiant, dit fièrement le ménestrel; la seule chose que je me soumettois à demander, vous l'avez refusée. — De bonne foi, dit Imogène en rougissant, mais avec un doux sourire qui cherchoit à guérir la blessure qu'elle venoit de faire; vous regretteriez votre singulière demande aussitôt qu'elle seroit obtenue, car la disposition errante de votre profession, vos gais et charmans travanx s'accorderoient mal avec la tristesse solennelle, et la tranquillité monotone de cette solitude.

— Madame, dit le ménestrel avec énergie, quand le rossignol, quittant son berceau, essaye ses ailes naissantes, il vole incertain et prodigue ses chants ravissans sur toute la scène de la nature, jusqu'au moment où, entraîné par un instinct invincible vers la rose, il se fixe sur un buisson voisin, et ne fait plus entendre ses chants que dans l'atmosphère embaumée de la fleur qu'il idolâtre. — Je ne comprends pas votre allusion, dit Imogène changeant de couleur : — Mais moi je la sens, répliqua le ménestrel avec une vivacité passionnée.

Une foible rougeur, semblable à un rayon passager du soleil, colora la figure d'Imogène, et elle se retiroit en balbutiant un timide adieu, quand le ménestrel, mettant sa harpe de côté, courut après elle, la retint par la draperie flottante de sa robe, et s'écria : oh! restez encore un instant, un seul instant.

— Que voulez-vous, demanda Imogène tremblante et confuse? — Votre pardon. Mais comment pardonner, quand on n'a reçu aucune offense? — Vous dites vrai, je n'ai pu vous offenser, car le ciel lui-même ne rejette pas l'hommage d'un cœur sincère, quoiqu'imparfaitement exprimé. — Ecoutez! c'est la cloche de la comtesse..... Adieu, je me souviendrai de vous dans mes prières. — Le voudrez-vous réellement? alors qu'Imogène soit mon ange tutélaire, dit le ménestrel en mettant un genou en terre.

— Adieu, adieu, répéta la novice avec une confusion toujours croissante, je n'ose pas rester plus long-temps. — Mais si vous l'osiez, répliqua le ménestrel avec le ton d'une douce persuasion. — Voulez-vous donc, dit Imogène en souriant, devenir un inquisiteur, et chercher à mettre votre ange en défaut? Dégageant ensuite sa robe qu'il retenoit encore, elle le salua gracieusement de la main, et avec le pas léger d'une nymphe, disparut à sa vue.

Le ménestrel demeura long-temps dans

l'attitude où la novice l'avoit laissé. Mais la vue des tablettes qui étoient tombées de sa ceinture, agit sur ses sens comme un talisman, et le rendit à lui-même. Il se hâta de les relever, et tournant le feuillet, il lut ce qui suit :

LE PAPILLON,

IDYLLE.

Fleur de l'air, enfant du soleil,
Papillon ne sors point encore
Du doux abri de ton sommeil,
Redoute ces pleurs que l'aurore
A répandus à son réveil.
Tu vois briller leur transparence
Sur les feuilles et sur les fleurs;
Mais de cette magnificence
Ah! crains les prestiges trompeurs :
Crains qu'une humidité traîtresse
N'altère les vives couleurs
Dont Flore a paré ta jeunesse;
Et ne remplace cette ivresse,
Ce cours de folâtres erreurs,
Dont le destin fit ta richesse,
Par les misérables langueurs
D'une trop précoce vieillesse.
Mais du soleil les feux vainqueurs
De l'aurore ont séché les larmes,
Et pour toi je n'ai plus d'alarmes.

Par où vas-tu prendre l'essor?
Viens sur cette rose nouvelle,
De ses parfums le doux trésor,
Son calice entr'ouvert t'appelle.
Mais quand vers toi j'étends ma main,
Quel est cet effroi qui t'agite?
Craignant un perfide dessein,
Tu t'envoles et prends la fuite.
Ah! ne crains rien : ta liberté,
Ce bien le plus digne d'envie,
Ne te sera jamais ravie.
Cependant pour ta sûreté
Garde ta sauvage folie.
Mais ne vole point vers ces tours,
Et n'approche pas de ce cloître;
Ce n'est point là qu'on peut connoître
La liberté ni ses beaux jours.
Mon œil suit ta course légère,
De loin même tu sais me plaire;
Au soufle d'un foible zéphir
T'abandonnant sans résistance,
Tantôt, dans ta molle indolence,
On diroit que tu vas mourir :
Tantôt, dans ta marche fougueuse,
Te jouant au milieu des airs,
D'une aile souple et gracieuse
Tu décris vingt cercles divers.
Quelquefois tu reprends la vie
Aux rayons d'un soleil brillant;
Je vois sa chaleur recueillie
Ranimer ton sein palpitant :
Et bientôt autour de ma tête

Je peux t'entendre voltiger.
Larme prête à couler s'arrête,
Et mon cœur se sent soulager.
Près de mes lèvres si tu passes,
Un léger soupir suit tes traces,
Bientôt je rêve à ton bonheur :
Par ta présence au loin tu chasses
Larmes et soupirs de douleur.
Aux premiers jours de ma naissance
Du sort j'éprouvai la rigueur;
De mes parens dès mon enfance
Je perdis l'appui protecteur,
Avant même que la nature
Eût pu faire entendre à mon cœur
Du sentiment cette voix pure,
Qui, de l'ame écartant l'erreur,
La console dans le malheur.
Mais c'est assez sur mes disgrâces,
Par ta présence au loin tu chasses
Larmes et soupirs de douleur.
Ils ne seront point ton partage;
De tes jours un plus doux usage
Compense leur brièveté;
Ta vie, au bonheur consacrée,
Contient dans sa courte durée
Un siècle de félicité.
Au plaisir, à son influence
Le destin confia ton sort,
Sans prolonger ton existence,
Il l'embellit jusqu'à ta mort.
Insouciante créature,
Ah! loin de la trouver trop dure,

Je voudrois subir cette loi,
Et vivre et mourir comme toi;
Comme toi, quand l'heureuse trame
De mon bonheur devroit finir,
Sentir encor sa douce flamme,
En rendant mon dernier soupir.
Je ne sais pourquoi l'on regrette
Le long âge patriarchal;
D'un partage moins libéral
Mon ame seroit satisfaite :
A quoi sert de vivre long-temps,
Si l'ennui compte les momens?
Que servent de longues années,
Quand, sans ressource, du printemps
Les fleurs sont à jamais fanées?
Moi je demande seulement
Que du ciel ici-bas j'obtienne
Une heure de ravissement,
Mais une heure qui m'appartienne.

Le ménestrel étoit le poëte de la nature, et son jugement fut tiré de la même source que ses inspirations. Il n'étoit cependant pas étranger aux justes règles de la critique; mais qu'avoit à faire la critique, avec cette effusion de l'imagination et du sentiment; et d'ailleurs, comment le raisonnement pouvoit-il exercer son pouvoir, quand le cœur étoit si vivement ému par les charmes de la muse, et par une frappante analogie de sentimens, qui, seule, eût excité la sympathie et l'admiration du ménestrel?

Aimable enthousiaste, s'écria-t-il, visionnaire enchanteresse, combien il seroit délicieux de partager cette heure de félicité que tu souhaites, de participer à tes rêves magiques, et de respirer le doux murmure de ta voix! Heureux celui qui, t'arrachant à cette froide vie pour laquelle tu ne fus jamais créée, parcourroit avec toi toutes les gradations du sentiment et de la passion!

CHAPITRE V.

IMOGÈNE traversa, en rêvant, la grande salle, et se rendit au cabinet d'étude. Les souvenirs qui occupoient son imagination et son cœur, lui laissèrent à peine apercevoir la comtesse assise près d'une table, la tête appuyée sur sa main droite, tandis que les doigts de la gauche jouoient négligemment avec les feuillets d'un livre ouvert devant elle. Son entrée ne fut pas remarquée : elle se plaça d'un air distrait à son petit pupitre, et, comme touchée de la baguette de sympathie, elle tomba bientôt dans des réflexions aussi profondes que celles de la comtesse. La philosophie expérimentale prouve qu'une des propriétés du feu est de jeter sa plus vive flamme au moment où il possède le moins de pouvoir combustible. Il en étoit ainsi du cœur de la comtesse; il s'enflammoit lorsqu'il étoit incapable de communiquer, même une foible chaleur au plus inflammable objet. Des yeux brillans avoient triomphé de la sagesse, et l'enthousiasme de la dévotion changea d'objet sans s'affoiblir. La comtesse, en quittant la galerie, avoit été poursuivie jusque dans son cabinet par l'image du ménestrel. En vain, pour distraire sa pensée, elle fixa les yeux sur un tableau : le Saint qu'il représentoit disparut pour faire place à la forme élégante d'un jeune homme appuyé sur une harpe; elle ouvrit un livre, et n'y distingua qu'un seul objet : mille fois elle se compara à Didon, et le ménestrel à Enée jeté par la tempête sous sa protection; et tous les sophismes intéressés du père Anselme ne pouvoient la réconcilier avec le parti qu'elle avoit pris de le chasser de l'asile qu'il s'étoit choisi.

Imogène étoit déjà assise depuis quelque temps en face de la comtesse, quand celle-ci rompit enfin le silence en s'écriant: — Mathias Corvinus, roi de Hongrie, avoit trois cents secrétaires. — Les pauvres gens, dit Imogène avec un soupir de compassion, en trempant sa plume dans l'encre pour transcrire quelque futur chapitre des croisades. — Le père Anselme, continua la comtesse, pense qu'un seul est plus que suffisant pour moi. — Imogène répondit par un soupir encore plus profond que celui qu'elle avoit accordé aux trois cents secrétaires du roi de Hongrie.

Longin fut le secrétaire intime de la fameuse reine Zénobie, et cependant j'ai lu qu'il étoit jeune et beau quand elle le prit à son service. — Cela ne devoit pas être une objection contre lui, dit innocemment la novice. — Le père Anselme pense autrement, reprit la comtesse ; pourquoi n'a-t-il pas la tolérance de saint Jérôme, qui nous dit expressément : craignez Dieu et faites ce que vous voulez. Eginhart étoit secrétaire de Charlemagne, continua-t-elle, quand Emma, la fille de l'empereur, devint amoureuse de lui. Ces poëtes et ces musiciens sont de dangereux hôtes ; leur position dépendante ôte toute défiance ; ils vous surprennent avant qu'on ait pensé à se tenir en garde : nous en avons pour exemple l'attachement de Julie pour Ovide. — Etoit-il son secrétaire, demanda Imogène avec simplicité?

— Le penchant de la reine de Navarre pour le poëte Amyot, son secrétaire ; et dernièrement encore, la fatale passion de Marie, reine d'Ecosse, pour Rizzio, qui étoit seulement un pauvre ménestrel italien....

— Etoit-il jeune et beau, demanda vivement Imogène? — Il étoit vieux et difforme, répliqua la comtesse. — Les hommes se ressemblent bien peu entre eux, soupira Imogène.

— J'ai entrepris de mettre à fin les travaux d'Hercule, s'écria la comtesse en jetant les yeux sur les livres, les papiers et les manuscrits dispersés de tous côtés autour d'elle : ma destinée est semblable à celle des Danaïdes. Quel bonheur ce seroit pour moi d'avoir un jeune homme modeste et soumis, qui sût arranger, rassembler les papiers, et traduire avec fidélité : par exemple, si le père Anselme ne s'opposoit pas autant à me voir employer ce jeune étranger comme secrétaire, qu'à me le laisser prendre comme musicien! — J'ose dire que cela lui conviendroit beaucoup mieux, s'écria Imogène.

— Et si ce jeune Orlando avoit une belle écriture? — Je jurerois qu'il écrit à merveille, dit vivement Imogène. — Mais à quoi cela sert-il maintenant, reprit la comtesse en soupirant, puisqu'il est parti?

Il n'y a pas dix minutes que je l'ai vu dans la galerie, dit Imogène en rougissant, et Théodore attend vos ordres dans l'antichambre.

Eh bien! répondit la comtesse avec hésitation, vous pouvez... si vous voulez, dire au page de faire venir l'étranger : non pas que je sois absolument décidée..... Avant qu'elle eût achevé cette phrase équivoque, Imogène avoit envoyé Théodore. Peu de minutes après le page revint, amenant le ménestrel. Imogène pencha sa tête sur son pupitre, et parut profondément occupée de sa plume

La comtesse cherchoit à cacher la foiblesse de son cœur, sous l'apparence d'une froide sévérité; et le ménestrel, dont la physionomie peignoit également l'impatience et l'espoir, attendoit dans un respectueux silence, qu'on lui fît connoître l'objet de cette seconde comparution.

Après une pause solennelle, la comtesse dit avec dignité : Avant de vous apprendre, jeune etranger, les motifs qui m'ont décidée à vous rappeler, il est nécessaire de vous informer que depuis longtemps j'ai dévoué ma vie au service de l'Eglise et de la république des lettres. Une telle résolution dans une femme doit vous surprendre, car les beaux jours de la piété et de la science sont passés, nous ne devons plus espérer que les ouvrages des femmes savantes tiennent autant de place dans nos bibliothèques que dans celle d'Euclide; et les annales des philosophes, des historiens et des poëtes, ne nous offriront plus de Théano, d'Anne de Comnène, de Sapho et de Corinne. La sainteté est devenue, je le crois, encore plus rare dans notre sexe, que le génie; et la réunion de ces deux qualités a dû paroître dans tous les temps un trésor aussi précieux que difficile à rencontrer.

La comtesse s'arrêta et leva les yeux pour jouir de l'effet que sa modeste et savante préface avoit dû produire sur le ménestrel. Celui-ci, malheureusement, observoit dans ce moment la clarté d'un rayon du soleil qui entouroit comme une gloire la tête angelique d'Imogène, et donnoit à toute sa personne quelque chose de surnaturel. La comtesse se mordit les lèvres, dissimula, et pria la novice de se retirer.

Imogène, également confuse de la folie pédantesque de sa patronne, et des regards du ménestrel, fut satisfaite d'être renvoyée, quoique son cœur battît d'impatience et de curiosité d'apprendre le résultat de cette conversation, dont elle se trouvoit exclue : elle se leva et sortit du cabinet avec cette modestie qui donnoit à sa physionomie l'expression d'une vestale.

Tandis que la comtesse restoit en tête à tête avec le jeune étranger, Imogène courut au jardin. L'éclat du soleil, la douceur de l'air, la mélodie du chant des oiseaux, étoient en harmonie avec le ton de ses idées, et parloient un langage que son cœur entendoit. Elle se livroit à ce cours d'idées tumultueuses, qu'éveille toujours un objet nouveau dans un esprit livré depuis long-temps à une espèce d'inaction paresseuse, résultat ordinaire de la solitude et de l'uniformité. L'agitation de son cœur étoit pour elle une source de plaisirs jusqu'alors inconnus. Un léger frémissement annonçoit l'influence secrète de quelque sensation douce et nouvelle : pourquoi donc suis-je si heureuse, se demanda tout à coup Imogène, en courant si légérement, que les fleurs courboient à peine un instant la tête sous ses pas? Ensuite, par une transition qui se rattachoit cependant à son interrogation, elle commença à compter les hommes qu'elle avoit vus.

Ce calcul n'exigeoit pas une grande étendue de science arithmétique; deux frères de l'ordre de Saint-François, dit Imogène comptant sur ses doigts, quatre de l'ordre de Saint-Dominique, et deux frères des Cordeliers, tous bien vieux et bien laids; l'évêque de Champagne, dans sa dernière visite au couvent (sa figure étoit si sévère!); nos trois confesseurs successifs : le premier louchoit effroyablement; le second avoit soixante-dix ans, et le troisième se mouroit de la consomption; le marchand qui vendoit des reliques et des chapelets à la porte de l'église; quatre vieux chevaliers de Saint-Michel, qui portoient la guerre et la famine empreintes dans tous leurs traits; et deux chevaliers de Saint-Jean de Jérusalem, l'un avec une jambe de bois, et l'autre avec un œil de moins. Voilà tous ceux dont je puis me rappeler : il faut y ajouter les hommes qui vivent dans la forêt, et dont l'air est si sauvage; les vieux domestiques du château, le petit page et le jeune ménestrel. Imogène rougit, en concluant ainsi sa récapitulation.

La perfection elle-même, dit la novice, avec l'air d'une petite logicienne, ne peut s'estimer que par comparaison, et ce jeune étranger possède peut-être moins de grâces et de talens que je ne lui en attribue; mais il est si supérieur à tous les hommes que je peux lui comparer, qu'il doit me paroître une créature d'une autre sphère, un être formé d'une plus fine argile.... Mais, bon Dieu! s'interrompant et rougissant, combien la sœur Stéphanie riroit de cette folle idée; combien elle se moqueroit de l'extravagance romanesque de sa petite sainte!

— Que m'importe ce ménestrel? seulement il faut bien penser à quelque chose, dit Imogène, effeuillant une fleur qu'elle venoit de cueillir, et entrant dans la grande salle, lorsqu'elle croyoit retourner sur la terrasse.

— Il y a de grandes nouvelles, s'écria Béatrix courant à sa rencontre: Sainte Vierge! qui auroit jamais cru voir quelque chose de jeune et de beau dans ce château?

— Tu es de bonne humeur, Béatrix, dit

Imogène en souriant : — Certes, mademoiselle, ce n'est pas sans raison ; je n'espérois plus danser de courantes, et... mais j'allois à notre salle de travail pour leur dire les nouvelles. — Quelles nouvelles, je t'en prie, demanda Imogène attrapant Béatrix par sa jupe ?

— Quoi, mademoiselle, ne savez-vous pas que madame a engagé le ménestrel : j'entrois dans le cabinet pour savoir si je devois faire un œil noir à M. Jephté, et comment il falloit ombrer la robe de la pauvre chère demoiselle qu'ils sont prêts à sacrifier, quand j'ai trouvé là.... qui, s'il vous plait ? notre vieux maître d'hôtel et le ménestrel. J'ai ajouté ce jeune homme à ma maison, disoit madame à Ambroise ; vous lui ferez préparer un appartement, et il sera servi chez lui, car il a l'honneur d'être mon secrétaire particulier. Miséricorde ! j'entends la cloche du dîner, et je n'ai pas encore fait un point.

Béatrix monta le grand escalier en courant, et Imogène entra dans la salle à manger, où la comtesse étoit déjà à table. La novice tressaillit en trouvant ainsi le jour plus avancé qu'elle ne le soupçonnoit, et s'assit en face de la comtesse. Quand Pithagore auroit présidé au festin, le silence et la tempérance n'auroient pu être observés plus exactement. Mais quoiqu'agréablement occupée par la variété de ses propres émotions, l'attention d'Imogène fut attirée par le changement visible qui s'étoit opéré dans l'air, les manières et l'habillement de son associée.

La comtesse avoit considéré jusque-là le mépris des soins de la toilette, comme un des caractères distinctifs de la science et du génie : maintenant elle parut à Imogène avoir sacrifié aux Grâces pour la première fois ; mais les Grâces, piquées sans doute de son ancienne hérésie, s'étoient montrées défavorables à l'offrande de la nouvelle convertie. Une coiffe et une fraise qui n'avoient pas été portées depuis le célèbre tournois donné au couronnement de François II, et un habit de velours tailladé, fait sur un modèle de la belle Diane de Poitiers, ne servoient qu'à rendre sa laideur plus apparente.

Imogène baissa la tête sur son bouquet pour cacher le sourire prêt à lui échapper. Ambroise, Jacques et Bernardin, qui servoient à table, jetèrent des regards d'admiration sur l'immense étui d'or pendu au côté de leur dame, et dont la pesanteur eût pu lui faire perdre l'équilibre, si elle ne l'avoit rétabli par un éventail d'une grandeur proportionnée, alors suspendu à sa ceinture, et qui, dans les jours de cérémonie, servoit au page de bâton d'ordre pour désigner son emploi. Silencieuse et recueillie, la comtesse jouoit avec sa cuiller et son couteau. Imogène, pensa qu'elle étoit occupée du siége de Béziers et des croisades, car elle connoissoit peu les secrets ressorts du cœur humain, et son jugement ne s'exerçoit que sur les objets, qui intéressoient son esprit ou éveilloient ses craintes.

Ambroise, cependant, un peu plus pénétrant, observa que madame étoit de très-bonne humeur, quoique silencieuse, car elle avoit souri plus d'une fois en l'appelant M. Ambroise, et lui avoit recommandé de porter au nouveau secrétaire un flacon d'excellent muscat.

CHAPITRE VI.

La comtesse Madeleine passa, selon sa coutume, de la salle à manger à son oratoire, et Imogène, après avoir bouleversé cent volumes dans la bibliothèque, sans lire une seule ligne, courut à la salle de travail où elle trouva Béatrix, Blanche et Agnès occupées du sacrifice de Jephté, qu'elles représentoient en tapisserie.

Eh bien! dit Béatrix en continuant la conversation que l'entrée d'Imogène avoit interrompue un moment, voilà mademoiselle qui nous mettra d'accord. — Je te prie, apprends-moi de quoi il s'agit, demanda Imogène en se plaçant à un métier vacant.

Mademoiselle, répondit Blanche, elles disputoient sur la couleur des yeux du ménestrel : Agnès soutient qu'ils sont aussi noirs que son justaucorps; Béatrix jure qu'ils sont bleus; quant à moi, je ne sais seulement pas s'il a un œil dans la tête; mais je trouve qu'il ressemble à ce portrait de Béelzébuth, sous la figure d'un beau jeune homme que j'ai vu dans la légende de saint Maxime ; aussi ai-je dit mon chapelet tant qu'il a été en ma présence.

— Tu dis toujours ton chapelet, reprit Béatrix, mais je parierois que quand tu as fini un *Ave Maria* pour le salut de ton ame, tu en ajoutes dix autres pour avoir un mari. — Il vaut mieux prier pour avoir un mari à soi, dit Blanche, que de chercher à surprendre l'affection des maris des autres.

— Grand Dieu ! quelle accusation, s'écria Béatrix en rougissant ; mais, mademoiselle, je méprise vos propos, et quoique vous soyez si grave et si dévote, je pense que vous ne recitiez pas vôtre chapelet, tandis que le jeune ménestrel étoit si près de vous ce matin, devant cette fenêtre, et qne vous dévidiez votre soie sur ses mains, pendant que toute la maison étoit à matines. — Blanche, dit Imogène en cassant son aiguille, avez-vous réellement dévidé de la soie sur ses mains?

— Et qu'est-ce que cela fait, mademoiselle, répondit Blanche, les Saints me sont témoins que je répétois mes litanies, ne pensant à aucun homme dans ce monde, quand mon dévidoir s'est brisé, et le ménestrel, qui se promenoit dans cette salle, a eu la politesse de tenir ma soie.

Le ménestrel, dit Beatrix ironiquement, savoit.....

— Que dites-vous du ménestrel, interrompit la comtesse en entrant, et quelle licence donnez-vous à votre langue? dois-je toujours réprimer votre bavardage?

— Eh bien ! madame, je me tais, et je jure de ne pas prononcer un mot d'aujourd'hui :

— Vous pouvez cependant finir ce que vous aviez commencé quand je suis entrée, reprit la comtesse d'un ton significatif. Béatrix piqua son aiguille et garda le silence. — Que disiez-vous du ménestrel, demanda la comtesse avec aigreur?

Ma chère dame, répondit Blanche, nous disions seulement, sauf votre bon plaisir, que ce seroit un agréable amusement pour nous d'entendre jouer et chanter monsieur le troubadour, tandis que nous sommes à nos métiers. Hé bien! mesdemoiselles, dit la comtesse avec une complaisance inaccoutumée, je ne m'opposerai pas à vos desirs; j'ai engagé ce jeune homme en qualité de secrétaire et non pas de musicien; cependant, comme c'est la fête de saint Théodore, et que vous avez beaucoup travaillé toute la journée.... — Chère dame, s'écria Béatrix oubliant son serment et renversant son métier, vous êtes toute bonté; je vais amener le ménestrel dans un clin d'œil; et avant que la comtesse eût décidé s'il étoit convenable de laisser paroître son secrétaire comme musicien devant ses femmes, Béatrix l'introduisit; il avoit apporté sa harpe. En entrant, il salua profondément la comtesse, et la remercia par un regard de la faveur qu'elle lui accordoit. Ce regard dissipa toutes les irrésolutions de la dame. Il est timide et modeste, pensa-t-elle, il a besoin d'encouragement. Après un moment de silence, elle dit avec son ton ordinaire de dignité solennelle: — Quoique je vous aie seulement engagé, jeune homme, pour le grave emploi de secrétaire, et que je ne veuille point favoriser des amusemens désordonnés dans ma maison, cependant je peux recourir quelquefois au pouvoir magique de votre art, pour dissiper les nuages que l'étude répand par momens sur le front de ses disciples. Je vous ai fait appeler ce soir pour me donner un échantillon de vos talens. Je néglige maintenant la musique, mais autrefois j'ai touché du luth, et les progrès de l'harmonie ne me sont pas inconnus. C'est à Apollon que nous devons l'invention de la lyre : il fit résonner ses cordes pour la première fois, afin d'attendrir le cœur de la cruelle Daphné. Thimothée voulut l'enrichir de quelques notes, mais les muses défendirent cette innovation. Zénon appelle le chant la fleur de la beauté, et Platon compare la poésie sans musique à un beau visage qui a perdu sa fraîcheur. On reprochoit à Epaminondas son ignorance musicale, et Socrate ne dédaigna pas d'étudier la théorie d'un art que Pythagore réduisit à des règles mathématiques. Je ne rappellerai point les noms des grands musiciens fameux dans l'antiquité; hélas! nous n'avons plus rien à leur comparer : et quels instrumens peuvent remplacer le tétracorde, le monocorde et la cythare? Mais je m'égare; j'oublie que vous êtes seulement le disciple de la nature, et que peut-être vous ignorez les règles de l'art que vous professez. A la vérité la célèbre Sapho préféroit les airs sauvages du beau Phaon, aux hommages d'Alcée, musicien savant et poëte élégant.

— Si j'avois été Phaon, dit le ménestrel, je serois bientôt devenu un Alcée; car Sapho auroit été à la fois l'objet de mon inspiration et le sujet de mes chants.

— En vérité? dit la comtesse agréablement surprise; mais, ajouta-t-elle avec un sourire indulgent, peut-être avez-vous déjà choisi et célébré quelque beauté champêtre?

— Le ménestrel soupira, secoua la tête, et pinça légérement les cordes de sa harpe.

— Ma chère dame, dit Béatrix impatiemment, faites-lui chanter la merveilleuse ballade *du gai chevalier et de la fille au jupon bleu.*

— Non, dit languissamment la comtesse; je préférerois quelque morceau dans la mesure lydienne ou hypophrygienne. J'ai été témoin une fois du pouvoir calmant de ce dernier mode: c'étoit peu de temps avant que j'eusse quitté la cour, et au mariage du duc de Joyeuse. Claudin, le Thimothée moderne, en jouant dans le mode phrygien, anima tellement un des courtisans, qu'il s'élança sur ses armes en présence de son souverain; mais l'adroit musicien le ramena à la raison par la douce mélodie du mode hypophrygien. Jouez-moi donc quelque chose qui puisse adoucir mes esprits, et disposer mon ame à une tendre mélancolie.

Le ménestrel s'inclina, accorda sa harpe, et après un prélude d'une savante exécution, accompagna son chant par des basses sonores et plaintives. Sa voix n'étoit pas très-étendue, mais elle avoit une douceur insinuante qui pénétroit l'ame. Chaque note respiroit la passion, chaque parole recevoit, par l'expression du chant, une énergie touchante. Il décrivit la naissance et les progrés de l'amour avec la naïve simplicité d'un adolescent qui retrace ses premières sensations; mais bientôt, ornant son sujet d'images poétiques et d'épithètes gracieuses, il peignit l'amour agissant tout à la fois sur le génie et la sensibilité, sur l'esprit et sur l'ame.

Agité, transporté jussqu'au délire par sa vive imagination, il éprouvoit lui-même tout ce qu'il retraçoit; ses doigts trembloient sur les cordes, la douce vibration de la harpe s'affoiblit par degré, ses accens expirèrent sur ses lèvres avec un soupir, et ses yeux rayonnans de passion attachèrent leurs regards éloquens sur Imogène, qui dans ce moment auroit pu, pour l'attitude, l'expression et la beauté, fournir à la peinture le plus parfait modèle de l'attention animée par le plaisir. Une de ses mains étoit appuyée sur son sein palpitant; l'autre reposoit étendue sur son métier; sa belle tête étoit penchée en avant, et chacun de ses traits exprimoit le vif enthousiasme qui exaltoit son imagination. Jusque-là Imogène avoit ignoré ce pouvoir magique de l'harmonie, qui sait calmer la souffrance, embellir même les derniers momens de la vie, et remplir l'ame de sentimens dont la douceur absorbante est inexprimable.

Comment dépeindre son émotion lorsque, suspendue, pour ainsi dire, aux chants ravissans du ménestrel, elle se sentit douée d'un nouveau sens, et enivrée par des impressions dont l'existence lui étoit étrangère?

Quoique le ménestrel eût cessé de chanter, elle écoutoit encore; enfin cette vive illusion s'évanouit comme un rêve de bonheur, et fut remplacée par une tendre mélancolie, presque aussi douce que les transports qui l'avoient précédée.

La comtesse n'avoit ni assez de goût ni assez de connoissance de l'art pour apprécier justement les talens de son secrétaire, mais elle avoit assez de vanité pour penser que ses chants étoient une improvisation inspirée par les charmes de sa noble maîtresse; et quoique l'orgueil ne la défendît pas des foiblesses de l'amour-propre, elle déguisa pourtant, sous une froideur apparente, les secrets sentimens de son cœur, et après un léger éloge, elle ajouta : « Je vous remercie de l'amusement que vous m'avez donné, mais l'heure de mes travaux est arrivée, et dans quelques minutes, je vous attendrai dans mon cabinet pour vous installer dans votre nouvel emploi. » Le ménestrel s'inclina respectueusement, et se retira. La comtesse donna quelques ordres à ses femmes, et quitta la salle en disant à Imogène qu'elle n'auroit pas besoin de ses services pour cette soirée. La comtesse n'avoit pas fermé la porte, que Béatrix s'écria vivement : — Eh bien, mademoiselle, comtrouvez-vous le chant du ménestrel?

— Comment je le trouve, grand Dieu! comment je le trouve, répéta Imogène couvrant sa figure de son voile, et jetant ses bras sur son métier.

— Là, reprit Béatrix avec dépit; j'étois sûre que mademoiselle n'aimeroit pas cela : aussitôt qu'il a commencé j'ai vu que madame l'embarrassoit. Un seul vers du *gai chevalier* en vaut mille de ceux qu'il vient de chanter.

— Pour ma part, dit Agnès, j'aurois autant aimé entendre les complaintes du vieil Ambroise, que cette chanson dont je n'ai pas compris une parole.

— Mais ses yeux, s'écria Blanche, avez-vous remarqué ses yeux, puis comme il rougissoit et pâlissoit tour à tour; pauvre jeune homme! je jure que je souffrois pour lui. Le reste de la soirée se passa dans ce babil. Enfin la cloche du souper les appela dans la grande salle, et Imogène resta seule et pensive : ses bras étoient encore posés sur son métier, mais ses yeux suivoient le dernier rayon du soleil qui disparoissoit derrière la cime d'une montagne éloignée. La salle de travail ouvroit sur une petite allée couverte, qui pouvoit servir d'abri contre l'inclémence du temps. Imogène y porta ses pas, et séduite par la fraîcheur balsamique de l'air et la beauté de la soirée, elle descendit quelques marches de marbre, et se trouva sur la terrasse qui environnoit le château. Cette terrasse, ombragée de beaux tilleuls, et garnie de palissades d'arbrisseaux en fleur, dominoit la belle vallée de Nogent. Les hautes montagnes dont elle reçoit un abri terminoient la perspective; leurs sommets étoient enveloppés de brouillards qui s'élevoient en colonnes dorées par le soleil. La rosée du soir jetoit son voile de vapeurs sur tous les objets; et tandis que l'occident encore rayonnant coloroit d'une riche teinte le paysage déjà indistinct, l'obscurité d'une nuit artificielle, produite par les ombres alongées de la forêt de Champagne, couvroit les tours du château et les clochers du couvent de Saint-Dominique. Imogène, penchée sur la palissade, fixoit les yeux sur les ondes bleuâtres de l'Aisne, qui couloient au-dessous de la terrasse, et suivoient leur cours fugitif à travers cette riante vallée. L'air tiède de la soirée inspiroit une délicieuse langueur. La novice, mélancolique plutôt que triste, s'abandonna à mille idées vagues et variées ; mais elles furent bientôt remplacées par une suite de réflexions, qui avoient pour objet les circonstances passées de sa vie, sa situation présente, et sa perspective future.

Hélas! pensa-t-elle en soupirant, mes souvenirs et mes espérances sont également défavorables au désir de mon cœur. Etrangère à toutes les affections de la nature, destinée à vivre au milieu d'êtres que je ne peux comprendre, et qui refuseront de m'entendre, je suis malheureuse et je n'ose me plaindre. Dans ce moment un rossignol prit possession d'un arbre voisin, et fit entendre les chants les plus mélodieux et les plus mélancoliques. Tout étoit calme, le souffle de la brise n'agitoit pas une feuille. Imogène écouta long-temps dans le silence et le ravissement; mais enfin apostrophant involontairement l'aimable chanteur. — Doux oiseau, s'écria-t-elle toute la nature écoute ta plainte touchante, tandis que le triste privilége de soupirer mes chagrins m'est refusé! — Et pouvez vous avoir des chagrins, vous, le modèle parfait du bonheur, dit une voix basse mais distincte? Imogène tressaillit, se retourna avec une exclamation de surprise, et contempla le ménestrel. Une impulsion subite de timidité et de confusion la portoit à se retirer sur-le-champ; mais l'attitude suppliante du ménestrel et ces paroles respectueuses, d'accord avec ses désirs secrets, laissèrent sa détermination douteuse. — Si ma présence trouble vos méditations, dit-il, je me retire à l'instant; mais si vous qui déplorez vos propres peines, n'êtes pas insensible à celles des autres, souffrez que je jouisse du bonheur passager que m'offre le hasard; c'est un sentiment nouveau pour mon cœur, mais il le recevra avec transport.

Vous êtes donc aussi malheureux, demanda Imogène avec une tendre compassion?

Comment puis-je vous répondre, dit le ménestrel, et vous faire comprendre par quelle contradiction je sens que ce moment est le plus heureux, et peut-être le plus malheureux de mon existence! Jusqu'ici quelques plaisirs fugitifs ont composé tout le bonheur de ma vie; l'espérance prolongeoit leur durée, et ses aimables illusions remplissoient le vide douloureux de mon cœur; maintenant si l'espérance m'échappe!...

Hélas! interrompit Imogène avec émotion, je me rappelle vous avoir entendu raconter que vous fûtes orphelin dès votre naissance; peut-être n'avez vous jamais connu la tendresse de parens chéris? Je vous plains!...

Imogène détourna la tête et essuya une larme avec son voile.

Après un moment de silence, le ménestrel la regarda en soupirant, et s'écria : telle est la pitié que les anges accordent aux hommes; mais que votre généreuse compassion s'étende encore à d'autres souffrances. Les liens du sang ne sont pas les seuls que le cœur réclame. Agité, inquiet, il aspire à quelque douce félicité soupçonnée, désirée avant d'être comprise, et bat avec une tendre impatience pour un objet digne de son ardente sensibilité; mais pardonnez-moi, madame, si j'ose vous parler un langage que votre sainte ignorance des passions humaines doit à peine vous laisser comprendre. Elevée dans cette école sacrée où la nature elle-même soumet son influence à la voix sévère de la religion, vous ne pouvez avoir connu les tourmens d'un cœur, dont les sentimens ardens se glacent soudainement, parce que la sympathie qu'il attendoit lui est cruellement refusée.

Je ne les ai pas connus, s'écria Imogène joignant ses mains, et élevant ses yeux au ciel! Oh, combien j'ai senti profondément ce que vous avez décrit! je ne suis pas l'heureux être que vous imaginez, mais quoique les regrets des biens qui me manquent troublent la possession de ceux qui me sont accordés, je ne voudrois pas échanger mes sentimens pour l'apathie que je déplore dans les autres.

Je vous entends, dit le ménestrel avec énergie, votre cœur renferme tous ces précieux sentimens, qui sont à la fois le plus glorieux apanage de l'humanité, et le plus doux présent de la natnre. Ainsi, formée pour donner et recevoir le bonheur, êtes-vous donc destinée à laisser flétrir votre vie dans la tristesse solitaire d'un couvent? Cette fleur du printemps, ces grâces touchantes, ces talens brillans, doivent-ils croître et mourir au milieu d'associés froids, ignorans et disparates?

Confuse, mais agréablement flattée, Imogène répliqua : je suis, à la vérité, destinée à la vie monastique; j'en ai à peine connu d'autre; cependant mes jours, s'ils n'ont pas été marqués par les plaisirs, ont coulé en paix, et cette vie, puisqu'elle est vertueuse, doit être heureuse.

Oh! ne vous abusez pas, dit le ménestrel, avec un doux sourire : séparée du monde, et supérieure à tout ce qui vous entourera, vous contrarierez, par cette vie solitaire, les desseins même du ciel et les lois de la providence; elle ne vous a pas accordé tant de dons précieux, un cœur tendre et sensible, pour que des principes égoïstes et personnels soient la source de votre bonheur. Ne dois-je pas interpréter votre silence comme un assentiment tacite? Si vous doutiez encore, regardez-vous, et vous serez convertie. Contemplez cette physionomie brillante d'intelligence; ces yeux si dangereux dans leur douceur, si enchanteurs dans leur vivacité; ces charmes que le regard de l'admiration poursuit avec une douce incertitude ; alors pourrez-vous ne pas dire avec moi, la nature n'a point ainsi prodigué ses trésors pour orner la cellule d'un couvent.

Une délicatesse naturelle plutôt que la prudence, découvrit à Imogène troublée et secrètement ravie, l'inconvenance d'écouter dans un pareil lieu, et à une pareille heure, ce langage trop séduisant pour n'être pas dangereux. Tremblante d'émotion, elle avança son voile, et dit : je ne sais comment notre conversation s'est si étrangement éloignée de son sujet. Il me semble que vous avez d'abord invoqué ma pitié pour des chagrins que j'ai jugés semblables aux miens, et je vous ai plus que plaint. Mais voyez, les lumières brillent déjà dans les croisées du château, et probablement la comtesse a besoin de vos services.

Ensuite se retournant, elle s'en alloit à pas lents, lorsque le ménestrel s'écria vivement : restez encore ; un moment semblable ne se retrouvera peut-être jamais.

Et qu'importe, dit froidement Imogène ?

A vous, madame, rien; mais à moi! Ah! je donnerois volontiers pour ce moment un siècle d'existence monotone. Ne retirez pas cette belle main, et souffrez que je dépose sur elle le tribut de la reconnoissance que votre indulgente bonté a excitée.

Laissez, laissez-moi, s'écria Imogène, vous m'avez déjà appris à me repentir de l'excès de mon imprudence; et s'échappant à travers l'allée, elle rentra par la salle de travail que la lune seule éclairoit foiblement, et gagna presque hors d'haleine son petit appartement.

Pressant sa main sur son cœur comme pour en réprimer les vives palpitations, elle se livra au cours des réflexions tumultueuses que devoit lui suggérer une position si nouvelle.

Pour la première fois elle avoit entendu un être dont l'esprit et les sentimens s'accordoient avec les siens. Pour la première fois elle avoit participé à ce doux échange d'idées qui compose l'une des plus pures jouissances de la vie. Son esprit comme un bel instrument négligé jusqu'alors, vibroit sous une touche magique, et son cœur découvroit des moyens de bonheur qui, jusque-là, lui avoient été étrangers. L'imagination ardente de la jeunesse vit toute entière dans le présent; le passé et l'avenir sont également oubliés, et la triste expérience n'a pas encore éveillé le doute, ni enseigné les préceptes de la prudence.

Imogène étoit heureuse ; elle livroit son ame avec abandon aux plus agréables illusions, et le premier rayon du matin brilla avant que sa tête appesantie reposât sur un chevet qui n'avoit pas encore été témoin d'une nuit sans sommeil.

CHAPITRE VII.

Trois des quatre jours fixés par le père directeur pour sa visite à Sainte-Menehould, étoient déjà passés; et non-seulement le ménestrel étoit installé dans son emploi, mais il s'y montroit supérieur par une grande connoissance des langues savantes.

La découverte de ces talens, qui recevoient un nouveau prix de la modestie du secrétaire, ne diminua pas la prévention favorable que ses grâces personnelles avoient inspirée à la comtesse. Elle consacroit à ses travaux plus de temps qu'elle n'avoit fait jusqu'alors, afin de le retenir dans son cabinet. Les services d'Imogène étoient moins strictement exigés, et son petit pupitre étoit relégué dans un coin éloigné, tandis que le ménestrel écrivoit à la même table que la comtesse. Imogène s'occupoit à copier les Pères ou à faire des extraits; mais le ménestrel, sous la dictée de la comtesse, traçoit l'expression de la ferveur du saint amour, et de la douceur des transports séraphiques. De fréquentes discussions interrompoient le travail; alors la comtesse citoit Ovide et Sapho plus souvent que des auteurs moins profanes, et accompagnoit ses commentaires de regards si bien assortis au texte, que le ménestrel auroit été bien dépourvu de pénétration et de vanité, s'il n'avoit pas observé que la dévotion de sa patronne étoit vivement excitée par la présence d'un objet sensible. Pendant ce temps, un petit commerce invisible s'établissoit entre la novice et le ménestrel. Confuse et troublée par la violence des sentimens qui s'insinuoient dans son cœur, Imogène échangeoit la candeur séduisante, l'ingénuité enjouée de son caractère pour une réserve timide cent fois plus dangereuse, et le ménestrel, retenu en apparence par cette réserve, et poursuivi par les regards vigilans de la comtesse, ne répondoit à sa froideur que par un silence expressif et l'éloquence des yeux. Mais constamment réunis pour les mêmes études, ils étoient avertis de la conformité de leurs sentimens par ces rapprochemens et ces allusions fines et imperceptibles qu'un regard indique, et qu'une rougeur légère trahit. La contrainte imposée par la prudence et la délicatesse jetoit sur leurs sensations ce voile mystérieux sous lequel l'amour naissant s'enveloppe, et qu'il ne repousse ensuite qu'avec un tendre regret. Cependant l'ame ardente du ménestrel renfermoit avec peine la vivacité de ses émotions, et la présence redoutable de la comtesse ne réprimoit pas toujours les saillies d'impatience, les éloges ironiques, les équivoques piquantes que lui arrachoient quelques passages extraordinaires de ses ouvrages. Imogène trembloit de sa témérité; mais le ménestrel savoit qu'il pouvoit se rendre coupable avec impunité, et il usoit de ce privilége pour se dédommager de ceux qui lui étoient refusés.

Tous les gens de la comtesse raisonnoient diversement sur la faveur extraordinaire dont le nouveau secrétaire paroissoit jouir auprès d'elle. Les femmes étoient mécontentes que la harpe fût mise de côté, ou entendue seulement le soir par la fenêtre du ménestrel. Les hommes se plaignoient de sa fierté et de ses airs de supériorité. Le jeune page Théodore avouoit avec un soupir qu'il le haïssoit, l'envioit et l'admiroit plus qu'aucun être dans le monde. Tel étoit l'état politique du château, lorsque le père directeur entrant chez la comtesse, au moment de son retour de Sainte-Menehould, aperçut dans le grand fauteuil de velours vert dont il étoit seul possesseur depuis près de cinq ans, le ménestrel assis d'un air aisé près de la comtesse, et lisant haut le dernier chapitre qu'il venoit de transcrire. Un spectre auroit frappé les regards du père Anselme, que sa physionomie n'auroit pu exprimer plus fortement la surprise, la colère et l'effroi. Mais accoutumé à résister à l'influence de la nature dans toutes ses variations, il rentra bientôt dans sa dissimulation ordinaire, et s'avança d'un air calme vers la comtesse, qui éloigna à l'instant le ménestrel avec une confusion très-évidente. Le père étoit à peine assis que la comtesse commença sa justification relativement à son nouveau secrétaire, avec une chaleur qui manque presque toujours l'effet qu'elle se propose; et s'appuyant sur cette distinction subtile, qu'elle n'avoit pas admis l'étranger dans sa maison comme musicien, mais comme secrétaire, elle espéra se faire pardonner la violation de ses promesses, et le peu d'égard qu'elle avoit eu pour les remontrances du père directeur si fortement dirigées contre un plus long séjour du ménestrel au château. Le père reçut ses excuses en silence, et changea ensuite de conversation, sans hasarder un seul commentaire sur le point qui venoit d'être discuté. La comtesse, surprise et charmée, interpréta ce silence suivant ses désirs; et quand il se leva, elle lui présenta une bourse pour la distribuer, dit-elle, suivant les inspirations de son jugement et de sa charité, mais en effet pour récompenser une condescendance si peu attendue. Aussitôt que le père eut disparu, elle envoya chercher son nouveau favori avec une confiance qu'elle n'avoit pas encore éprouvée depuis son inauguration. Trois jours se passèrent rapidement. La guerre civile s'étoit rallumée dans la province, et les discussions politiques sembloient usurper la place et de cette vive partialité, et de cette forte aversion que le ménestrel avoit excitée dans le cœur de la comtesse et dans celui de son directeur, tandis que mille hasards favorables procuroient au ménestrel le bonheur de voir la novice et de lui parler.

Un matin, après une longue conférence avec le père, la comtesse envoya chercher son secrétaire, et n'étant pas disposée à la composition, elle le pria de lui lire les confessions de S. Augustin. Etendue sur un lit de repos, elle écoutoit les aveux du sincère évêque, qui offrent le tableau d'une lutte si vive entre la grâce et les passions, la piété et la nature, quand la porte s'ouvrit brusquement, et le père Anselme parut poussant Imogène devant lui, et montrant un papier qu'il tenoit à la main. Contemplez, madame, dit-il, les pieuses effusions d'une novice de Saint-Dominique, le thème de ses inspirations... — Père, interrompit Imogène avec égarement (ses yeux étoient remplis de larmes, sa figure, vivement colorée, avoit perdu sa douce et tranquille expression), père, rendez-moi ce papier; il est à moi, destiné à n'être vu que de mes yeux : et dévoiler ainsi les pensées imprudentes, mais secrètes, dont la violence seule vous a rendu possesseur, ce seroit manquer à l'honneur et à tous les principes.

— L'honneur et les principes, dit le père avec ironie, sont très-convenablement invoqués par une personne qui médite la violation de ses vœux sacrés, foule aux pieds la décence modeste de son sexe, et n'use des dons de la Providence, que pour...

— Père, s'écria Imogène, je ne puis justifier ce qui n'est pas même compris..... mais.....

— J'aurois dû, en effet, répliqua le père d'un ton satirique, parler sans équivoque, et dire que le nouvel objet de votre enthousiasme poëtique absorbe ce temps, ces talens, et ces méditations qui devroient seulement être consacrés à la gloire de Dieu.

— Quel nouvel objet, demanda la comtesse avec anxiété? — Oh! père, dit vivement Imogène, interrompant ainsi la réplique, vous ne voudriez pas me laisser imaginer qu'aucune de mes actions puisse augmenter ou affoiblir la gloire de l'Etre Suprême; il y auroit de l'impiété dans une pareille pensée. — Sors, dit le père avec colère, je ne veux plus écouter tes sophismes profanes et puérils; va dans ta chambre, prie les Saints de te protéger, car l'esprit d'hérésie s'attache à toi, et t'entraîne à ta perte éternelle.

Ciel miséricordieux ! s'écria le ménestrel en s'avançant avec émotion, et montrant Imogène : regardez cette physionomie, père, et contemplez en elle l'image de la Divinité; écoutez les sentimens vertueux qu'expriment ces lèvres si pures; comparez-les avec la vie sans reproche qu'ils retracent, ensuite menacez cet être innocent et parfait, d'une éternelle destruction, si vous l'osez.

— Si je l'ose, répliqua le père, tremblant d'agitation ! et une teinte livide se répandit sur ses traits; mais après un violent effort sur lui-même, il répéta avec un ton résigné : si je l'ose ! mais tout cela est bien : souffrez, madame, que je me retire; votre château, je le prévois, ne peut offrir plus long-temps un asile à votre pauvre aumônier insulté, bravé, même en votre présence. Il ne faut pas que la foiblesse de l'homme souille la dignité de ma sainte profession; ensuite avec un air d'humble soumission, il croisa ses bras sur sa poitrine, leva les yeux au ciel et se retira.

Les facultés de la comtesse sembloient enchainées par un charme magique : accablée à la fois par les insinuations équivoques du père, qui éveilloient sa jalousie et blessoient sa vanité, par la témérité du ménestrel, dont le plaidoyer, en faveur de la novice, renfermoit tant d'éloges exaltés, et par le départ subit de son directeur, elle resta sans mouvement et sans voix. Revenant enfin de ce choc violent, elle jeta un regard courroucé sur le ménestrel, et lui dit avec un calme affecté : une indignation vulgaire se répandroit en apostrophes et en exclamations ; mais la philosophie dédaigne le langage de la passion ; l'hypocrisie et l'ingratitude ellesmêmes ne peuvent lui faire franchir les bornes de la modération. Je veux donc seulement vous avertir que votre résidence future au château de Montmorell, dépend de la prudente circonspection de votre conduite, et de la déférence respectueuse que vous montrerez au saint homme dont vous avez insulté le caractère sacré ; mais quant à toi, ajouta-t-elle en parlant à la novice, insidieux serpent, ton esprit artificieux te fournira vainement de nouvelles inventions.....

Imogène, jusque-là silencieuse et accablée, leva ses timides regards, et essaya d'interrompre la comtesse; mais celle-ci, dont le calme philosophique s'étoit assez bien soutenu envers le ménestrel, sentit encore augmenter sa rage à la vue de la belle et touchante physionomie de la novice. Paix, s'écria-t-elle, je ne veux pas être abusée par ta duplicité; demain tu partiras pour ton couvent, et là tu auras le temps de réfléchir sur ton ingratitude; et de t'en repentir.

Les larmes qui couloient sur les joues d'Imogène séchèrent sur leur surface enflammée; ses yeux languissans étincelèrent d'indignation, et elle se retira en silence, avec une dignité naturelle, qui, par son contraste avec la hauteur affectée de la comtesse, faisoit connoître combien la noblesse de l'ame diffère de l'orgueil rempli d'ostentation, d'un esprit égoïste et médiocre.

La comtesse, presque au même moment, quitta l'appartement, afin de suivre le père Anselme, et d'apaiser sa colère; car, cet être tiré du néant par ses bontés mal appliquées, avoit obtenu sur son esprit une influence qu'elle n'avoit ni assez de pénétration pour apercevoir, ni assez de force pour éviter. Elle supposoit que son nouveau favori emploiroit le temps de son absence à déplorer la témérité, qui avoit pensé lui faire perdre sa protection pour toujours; mais rien n'étoit plus éloigné de la pensée du favori : depuis quelque temps ses yeux étoient impatiemment attachés sur un papier échappé des mains tremblantes du père, et qu'il supposoit contenir le sujet de l'accusation contre Imogène. La comtesse n'eut pas plutôt quitté le cabinet, qu'il rapprocha avec ardeur les fragmens de ce papier déchiré et effacé dans la lutte qui avoit probablement eu lieu entre le père et la novice : ils auroient été illisibles pour d'autres yeux, mais ceux du ménestrel parvinrent bientôt à déchiffrer quelques stances imparfaites, destinées à n'être jamais vues, malgré leur mérite poëtique, et dont il découvrit avec transport que lui-même étoit le sujet. La jeune muse exprimoit les plus vifs sentimens d'admiration pour les doux accords de sa lyre, et le charme magique de sa voix : elle le considéroit comme le génie de la poësie, et rendoit hommage au dieu qu'elle-même avoit créé. Quelquefois son cœur paroissoit s'effrayer de l'ardeur de son imagination, et la modestie voiloit d'une main timide ses trop vives inspirations.

Le ménestrel auroit regretté que ce petit ouvrage n'eût pas été achevé, si quelque regret avoit pu pénétrer dans une ame absorbée par cette délicieuse émotion, qu'excite la certitude d'avoir obtenu l'admiration d'un objet qui possède depuis longtemps la nôtre. Il relut vingt fois les stances; son cœur et sa vanité, également satisfaits, lui firent trouver des grâces exquises dans la poésie, et quelque chose de céleste dans la muse.

Imogène, en sortant de l'appartement de la comtesse, s'étoit réfugiée dans le sien, où elle passa le reste de la journée dans les larmes. Son cœur orgueilleux se gonfloit d'indignation lorsqu'elle songeoit avec quelle injuste sévérité elle avoit été traitée devant le ménestrel, et sa délicatesse souffroit au souvenir des insinuations du père sur sa partialité en faveur du jeune étranger. Tremblante d'effroi que le sujet de ses inspirations poétiques ne devînt un nouveau motif propre à fortifier les soupçons, et se rappelant que son extrême agitation en quittant le cabinet l'avoit empêchée de ramasser son petit poëme comme elle en avoit eu l'intention, elle courut promptement chez la comtesse, dans l'espoir de le retrouver, mais la plus exacte recherche fut infructueuse.

Désolée, abattue, elle retournoit dans sa chambre, lorsque la fraîcheur vivifiante de l'air du soir l'attira vers une fenêtre ouverte de la galerie qu'elle traversoit. C'étoit l'heure de vêpres; toute la maison étoit encore dans la chapelle; un silence solennel régnoit dans le château, correspondoit à la scène qui attiroit ses regards et portoit le calme dans son esprit agité. Le soleil brilloit avec splendeur, et les nuages, dont la surface rassembloit mille rayons étincelans, prenoient quelquefois l'apparence de montagnes flottantes; leur cime lumineuse sembloit souvrir à des jets de flamme éblouissans, et lancer des météores éclatans dans l'atmosphère embrasée. Le vert feuillage étoit à peine agité, un esprit de paix paroissoit vouloir répandre sa douce influence sur toute la nature, tandis que la lune, montrant déjà son disque argenté, se réfléchissoit dans les ondes de l'Aisne, obscurcies par l'ombre des hautes tours du château.

Cette scène, si analogue aux sentimens d'Imogène, la plongea dans une sorte de ravissement religieux ; elle promena ses regards sur la gloire de la création avec émotion, et tombant à genoux, elle offrit à Dieu cet encens du cœur *dont le parfum s'élève vers le ciel.*

Ayant ainsi épuré ses sentimens par cette pieuse effusion, elle se levoit pour se retirer, quand elle aperçut le ménestrel à quelques pas, appuyé contre un pilier. Elle précipita ses pas ; il s'élança pour la retenir.

Je n'ai pas voulu, dit-il, troubler, même par un soupir, vos saintes occupations ; mais maintenant que votre oraison est finie, daignez accorder à un autre le moment d'audience que vous réclamiez pour vous-même.

La surprise et la confusion tinrent un

moment Imogène en suspens; le ménestrel, profitant de son indécision, la ramena doucement, et ajouta : puisse le ciel accéder à votre demande, comme vous avez cédé à la mienne!

Mes prières n'étoient pas des supplications, dit Imogène en souriant, mais l'humble hommage d'un cœur reconnoissant des biens dont la possession lui est accordée.

Telles seront aussi les miennes, dit le ménestrel avec une vivacité passionnée, en saisissant sa main. Souffrez donc l'hommage d'un cœur reconnoissant des biens qui lui sont accordés, quoique présomptueusement réclamés.

Imogène, confuse, arracha sa main, et se seroit éloignée à l'instant; mais le ménestrel la retenant encore, s'écria : pardonnez, madame, oh! pardonnez la témérité d'un imprudent; le respect même qu'il vous doit est insuffisant pour réprimer l'impétuosité des sentimens que votre présence lui inspire.

Je vous en supplie, dit Imogène foiblement; permettez-moi de me retirer.

Non, répliqua le ménestrel; c'est à moi

de me retirer, puisque je vous inspire une aversion si évidente. Je ne veux point troubler les douces méditations d'un esprit supérieur, et vous priver de la contemplation d'une scène si belle et si sublime, d'une scène dont l'intérêt moral, agissant sur le cœur et sur la mémoire, vous identifie en quelque sorte avec Héloïse et Abeilard.

Héloïse et Abeilard! répéta Imogène en tressaillant.

Contemplez, poursuivit le ménestrel captivant adroitement son attention et l'attirant vers la fenêtre; contemplez cette montagne, dont la base est maintenant éclairée par la lumière incertaine de la lune; c'est sous son abri, c'est là que gisent dans la poussière les ruines du Paraclet.

Hélas! dit Imogène avec enthousiasme, pourquoi ne m'a-t-on pas fait connoître plus tôt cette circonstance si intéressante?

Parce que, répliqua le ménestrel, votre sévère destinée vous a jetée parmi des êtres insensibles à tous les plaisirs que peuvent donner le goût et l'imagination;

leurs cœurs orgueilleux n'admettent que les jouissances de l'amour-propre, et leurs esprits rétrécis recherchent la faveur divine par des motifs aussi égoïstes que les moyens qu'ils emploient pour l'obtenir sont puérils et méprisables; mais c'est à vous, charmante enthousiaste, que la nature échauffe par le feu du génie, c'est à votre ravissante imagination à célébrer cette scène solennelle. Votre cœur sensible ne refusera pas l'hommage d'un soupir à ce lieu consacré au souvenir de deux amans malheureux.

L'amour propre satisfait colora les joues d'Imogène, et elle répliqua : dans la tranquillité d'une belle soirée, quand le soleil couchant jetoit ses rayons enflammés sur ces débris pittoresques, il sembloit qu'un pressentiment intérieur arrêtât sur eux mes regards avides, jusqu'à ce que la puissance de l'imagination peuplât ces bocages déserts, ces cloîtres ruinés, d'ombres errantes et fantastiques.

Et cependant, dit le ménestrel en soupirant, ce lieu sauvage servoit autrefois de retraite à la jeunesse, à la beauté, à cet amour indomptable que ni la raison, ni même la religion ne peuvent subjuguer. C'est dans cette sombre vallée que l'infortuné Abeilard fixa la dernière demeure de l'idole de son cœur. Il chercha un site analogue aux sentimens que la sympathie de l'amour lui apprenoit devoir être aussi ceux de sa malheureuse maîtresse. Peut-être lorsqu'il veilloit sur les progrès de ce triste édifice, errant le soir avec l'agitation inquiète de l'amour désespéré, fixoit-il aussi ses yeux sur cet astre d'argent, qui nous prête sa douce lumière. Peut-être s'écrioit-il comme moi : témoin de ma passion, de ma douleur, tu guideras un jour dans ce lieu les pas de celle que j'aime; tu éclaireras ses méditations nocturnes, quand le malheureux Abeilard, poursuivi par l'envie, persécuté par la malice, consumera, loin de cet asile de paix, une vie à jamais perdue pour l'amour et pour le bonheur. Le ménestrel ému s'arrêta, et jeta ses regards passionnés sur les yeux remplis de larmes d'Imogène, qui dit avec un soupir étouffé : malheureux Abeilard!

Le ménestrel prit sa main, et s'écria : vous pleurez sur la douloureuse destinée d'Abeilard! Ah! charmante fille! ces larmes, ces soupirs m'appartiennent; car j'éprouve ses souffrances sans avoir connu son bonheur. Il aimoit, il fut aimé; le sort le sépara de l'objet de sa tendresse; mais sa passion résista au pouvoir de l'absence; vivant il fut adoré, et mort il fut réuni à son infortunée maîtresse. Réservez votre pitié pour celui qui n'a jamais senti le bonheur d'un amour réciproque, et dont le cœur brûlant est consumé par une passion secrète et sans récompense.

Cela est-il possible, dit Imogène d'une voix altérée, un cœur dont les émotions sont si profondes et la réserve si délicate, peut-il rester sans récompense?

C'est à vous à en juger, dit le ménestrel un genou en terre, à vous adorée aussitôt qu'aperçue! Imogène, ces momens sont aussi fugitifs que précieux, ils ne peuvent admettre aucun détail étudié; et que pourrois-je vous dire qui ne vous ait déjà été doucement murmuré par votre cœur? Périsse l'amour dont une froide et formelle déclaration a seule trahi l'existence! périssent ces foibles affections dont chaque mot, chaque regard n'ont pas attesté la force! Oh! Imogène, écarte ce voile envieux;

je ne demande pas une ravissante certitude, mais seulement une légère espérance; je ne veux point enfreindre les lois d'une sévère délicatesse, mais seulement implorer ta compassion; ne détourne pas de moi ces yeux charmans; qu'ils soient l'arbitre de mes destins; leur langage me rendra à la vie, ou m'éloignera de toi pour toujours.

Le ménestrel écarta d'une main timide la gaze qui voiloit la figure d'Imogène; ses yeux rencontrèrent les siens : tremblante d'émotion, elle s'appuya sur l'épaule du ménestrel, ses larmes couloient; larmes délicieuses que le plaisir lui-même auroit enviées.

Le ménestrel la contempla un moment dans une extase silencieuse; mais Imogène détruisit bientôt ses douces illusions : elle tressaillit soudainement, jeta autour d'elle un regard craintif, et se seroit enfuie, si le ménestrel, qui l'avoit entourée de ses bras pour la soutenir, ne l'eût retenue.

— Grand Dieu! s'écria-t-il, dans un moment tel que celui-ci, d'où peut venir ce mouvement de terreur? Imogène se repeut-elle d'une condescendance trop incertaine pour que les désirs les plus ardens de l'amour puissent l'attribuer à un autre sentiment qu'à la pitié? — N'avez-vous rien vu, rien entendu, demanda Imogène avec effroi?

— Je ne pouvois voir, entendre que vous; avois-je un sens, une pensée qui ne fût à Imogène?

— Le ciel m'est témoin que j'ai vu la comtesse et le père directeur se glissant derrière ce pilier pour gagner cette porte.

— En êtes-vous certaine, dit le ménestrel avec inquiétude?

Une foible exclamation de la novice fut la seule reponse qu'il reçut; et au même instant, il se trouve saisi au collet avec violence, et environné par quelques-uns des domestiques du château, ayant à leur tête la comtesse et le père, qui crioient : saisissez le traître, et emmenez-le dans la tour de l'ouest. Les domestiques obéirent; le ménestrel opposa à leurs efforts la force d'Hercule, mais vaincu par le nombre il fut entraîné. En passant près d'Imogène, qui, vivante image de la terreur, serroit étroitement un pilier pour se soutenir, il s'écria : le ciel vous garde, être parfait, et vous protége contre la persécution, l'envie....! Avant qu'il pût finir la phrase, il étoit déjà hors de vue, et Imogène tomba sans sentiment sur le plancher.

CHAPITRE VIII.

Le père Anselme étoit surtout dominé par son propre intérêt, et cette passion faisoit taire en lui tout autre sentiment; aussi rien n'avoit été plus loin de sa pensée que de quitter le château de Montmorell, et de laisser son jeune compétiteur en paisible possession de tous les avantages dont lui-même avoit joui si long-temps. Cependant, par une politique bien entendue, il évita la présence de la comtesse, qui ne put obtenir du moine hautain qu'une courte audience en revenant de vêpres. Le père feignit de persévérer dans l'intention de se rendre le soir même à un couvent de son ordre, sur les confins de la forêt, et refusa de rentrer au château avant d'avoir reçu la promesse que le ménestrel seroit renvoyé le lendemain matin. Mais jusque-là le père n'avoit eu à combattre qu'avec la tête de la comtesse : pour la première fois, son cœur entroit en lice, et le cœur d'une femme est difficile à réduire; il est rare que même, à la dernière extrémité, l'adresse n'amène pas à son secours quelque corps de réserve.

—Mon cher père, dit la comtesse, votre excellent jugement est égaré cette fois par votre confiante simplicité; loin de renvoyer ainsi ce jeune étranger au hasard, gardons-le prisonnier jusqu'à ce qu'il découvre son véritable nom et sa naissance, car je ne le crois point ce qu'il paroît : des temps tels que ceux-ci autorisent tous les soupçons, et....

La comtesse se tut soudainement, et saisit le père par le bras. La voix du ménestrel se faisoit entendre par la fenêtre sous laquelle ils passoient, et cinq minutes de la plus vive attention laissèrent parvenir la conversation à l'oreille de la comtesse, assez distinctement pour lui faire perdre à l'instant la froideur philosophique, et même la modération chrétienne : ses joues pâles s'enflammèrent, ses yeux étincelèrent de rage et de jalousie; elle se précipita dans le château, suivie par le père triomphant, et en traversant la grande salle, elle commanda à ses domestiques de l'accompagner à la galerie pour saisir le ménestrel, et le confiner dans la grande tour de l'ouest. Cet ordre, exprimé avec sévérité, fut exécuté sur-le-champ.

La comtesse se retira dans son appartement avec une agitation trop évidente pour échapper à l'observation du père Anselme, qui ne montra pas plus long-temps l'intention d'aller dans la soirée au couvent des frères de Citeaux. Ni la découverte, si humiliante pour sa vanité, du ménestrel aux pieds d'Imogène, ni les argumens du père ne furent suffisans pour balancer les sentimens favorables que le jeune secrétaire avoit éveillés dans le cœur de sa patronne, dont la passion, comme tous les autres penchans, s'augmentoit par l'opposition.

Le matin d'après l'emprisonnement du ménestrel, le père Anselme, suivi par une troupe de domestiques, fut dépêché pour amener le coupable en présence de la dame offensée, qui devoit l'examiner sur le crime inexcusable d'avoir préféré la jeunesse, la beauté et l'esprit, à la laideur et à la pédanterie; car malgré les soupçons qu'elle feignoit pour gagner du temps, l'envie seule et la jalousie avoient donné lieu aux reproches que la comtesse vouloit adresser au ménestrel, et aux éclaircissemens qu'elle espéroit obtenir. L'attente de sa présence lui causoit une vive agitation, et le bruit des pas qui s'approchoient donnoit un nouveau choc à son cœur, quand la porte s'ouvrit, et le père parut environné par les autres émissaires qui sembloient tous impatiens de parler.

— Je vous félicite, madame, dit le père, votre dangereux hôte s'est enfui, il s'est soustrait à la punition que son ingratitude et son hypocrisie méritoient.

— Enfui, répéta la comtesse, pâle de surprise et de regret, c'est impossible, la porte étoit fermée, et la clef dans mes mains.

— Mais la fenêtre étoit mal assurée, dit le père, nous avons trouvé le châssis brisé, l'une des barres de la grille arrachée; et quoique la hauteur soit considérable, le désespoir n'est pas intimidé par des dangers probables, quand il veut éviter un péril certain.

— D'ailleurs, avec votre permission, dit Ambroise en saluant, il n'y a rien de difficile pour un sorcier; et si monsieur le troubadour n'avoit pas été habile dans la magie, il ne seroit pas parvenu à renverser l'esprit de nos demoiselles avec des romances, et à obtenir une si merveilleuse faveur auprès de madame, qui dès le commencement....

— Paix! s'écria la comtesse, qui saisit avec joie cette occasion de donner cours à sa rage, en accusant ses domestiques d'être la cause de la réception du ménestrel au château, et d'avoir favorisé sa fuite par leur négligence. Puis tout à coup, frappée d'une idée soudaine, elle demanda si quelqu'un avoit vu Imogène dans cette matinée, et sans attendre la réponse, elle l'envoya chercher. Lorsqu'Imogène revint de l'état d'insensibilité où elle étoit tombée, une obscurité complète l'environnoit. En proie aux impressions les plus effrayantes, elle se traîna dans son appartement, et passa la nuit à réfléchir sur les événemens de la soirée. Au milieu de cette foule de doutes et d'appréhensions qui venoient assaillir son esprit, une pensée douce et consolante se faisoit encore place. Imogène, la jeune et sensible Imogène, aimoit et étoit aimée; pouvoit-elle ne pas être heureuse en dépit des sombres fantômes que son imagination conjuroit? Mais ses joues colorées par cette délicieuse conviction devinrent d'une pâleur mortelle, quand Béatrix, qui apportoit l'ordre de la comtesse, lui apprit la fuite du ménestrel.

— Bon Dieu! que ce monde est étrange, s'écria Béatrix! ce n'est, comme dit Ambroise, que hauts et bas continuels. Ce ménestrel, hier encore, étoit l'oracle de la maison; aujourd'hui, tout est contre lui : les uns assurent que c'est un hérétique, les autres que c'est un traître; mais le plus grand nombre pense qu'il est Juif ou magicien; et Bernardin assure qu'un coup de tonnerre a ébranlé le château tout entier quand la grande horloge a sonné minuit. Cela me rappelle l'histoire du vieil astrologue qui tomba dans le fossé : c'étoit la veille de saint Maxime, j'arrivois de Provence avec mon vieil oncle, et....
Imogène interrompit le récit pour demander avec un profond soupir, si la comtesse étoit instruite du départ du ménestrel.

— Jésus! reprit Béatrix; j'ai babillé comme une pie, et entièrement oublié que Théodore m'a priée de vous dire que madame vous attend à l'instant dans son cabinet. Je pense qu'il s'agit de choses fort extraordinaire. Si vous vouliez avoir la bonté de laisser la porte un peu entr'ouverte.

— Chère Béatrix, dit Imogène en pleurant, en vérité, il m'est impossible de voir la comtesse; ne pourriez-vous pas faire quelques excuses pour moi?

— Je ne le peux pas, ma chère demoiselle, je ne le peux pas; et cependant vous savez que j'irois au bout du monde pour vous obliger.

Béatrix parloit encore lorsque Théodore lui-même frappa à la porte pour annoncer un nouvel ordre de la comtesse. Imogène, pâle et tremblante, fut forcée d'obéir.

La comtesse, avec des sourcils contractés par la rage, et une voix presque inarticulée, lui commanda de raconter la conversation qui avoit eu lieu entre elle et le ménestrel, le soir précédent, dans la galerie; mais elle n'obtint que des larmes pour réponse.

— Mes soupçons étoient donc justement fondés, s'écria la comtesse. Une novice de Saint-Dominique alloit devenir la victime de sa folle vanité, et des artificieuses séductions d'un vil scélérat : elle s'étendit longuement sur l'indécence et l'ingratitude de la conduite d'Imogène, et emportée par la jalousie, elle abandonna cette fois les figures de réthorique pour employer le langage plus pénétrant et plus énergique d'une femme méprisée et humiliée. Après avoir enduré pendant une heure les plus violens reproches, la triste et patiente novice se retira dans sa chambre, emportant pour adieu la menace d'être renvoyée au couvent, et dépeinte à l'abbesse et aux sœurs sous ses véritables couleurs. Heureusement pour la comtesse, ses inclinations soit profanes, soit religieuses, avoient besoin d'être soutenues par quelque objet visible : ni son amour, ni sa foi, n'avoient pour base ces sentimens épurés et tout spirituels, qui seuls eussent pu leur assurer une existence indépendante des secours extérieurs ; et si les saints tableaux étoient nécessaires pour exciter sa piété, la présence du jeune étranger ne l'étoit pas moins pour perpétuer la tendresse qu'il lui avoit inspirée.

Aussi peu de jours ramenèrent dans le cœur de la dame de Montmorell sa froideur accoutumée, rétablirent le père Anselme dans son influence sans bornes, ranimèrent le zèle pour la fondation du monastère, et rendirent aux travaux sur l'histoire des croisades toute leur activité. Imogène elle-même rentra en possession des honneurs de l'écritoire, et sa profession fut encore remise à la conclusion assez prochaine des entreprises littéraires. Le château retomba dans sa tranquille uniformité, et l'aventure de l'étranger, dont l'apparition avoit été brillante et rapide comme celle d'un météore, fut rangée parmi les histoires merveilleuses qui remplissoient les veillées d'hiver.

L'amour ne reconnoit pas plus l'inégalité morale que celles de convention, qui tendent à rabaisser l'objet de son choix, car il découvre toujours en lui tout ce qui peut exciter l'intérêt ou constituer la perfection : le cœur reste sourd aux suggestions de l'orgueil; les désavantages de la fortune et de la naissance semblent même lui servir de piédestal pour élever son idole au-dessus de la destinée.

Imogène n'avoit pas réfléchi un seul moment que le ménestrel occupoit dans le monde un rang aussi peu respectable que désirable ; qu'il étoit un enfant trouvé, un vagabond; et quoiqu'il eut été dernièrement reçu aux gages de la comtesse, elle ne l'avoit jamais confondu avec les autres personnes soumises à la même dépendance. A qui en effet eût-elle pu l'assimiler? il tenoit une place distincte dans la création, et sembloit à ses yeux au-dessus de tous les mortels.

Les douces et nouvelles émotions causées par le séjour du ménestrel au château agitoient encore son cœur par intervalles; mais la tristesse pensive d'un amour trompé dans son espoir, couvroit d'un sombre nuage le front de la jeune novice; et quoique sa vivacité naturelle ramenât quelquefois le sourire sur ses lèvres, ses pensées et ses larmes poursuivoient sans cesse l'aimable étranger. Cependant, charmée même de sa douleur, qui se lioit avec tout ce qu'elle avoit jamais connu de bonheur, elle n'auroit pas échangé sa souffrance pour tout le calme de sa première indifférence.

Il est des sentimens enivrans, des souvenirs ravissans, qui ne pourroient s'acheter trop chèrement que si la vertu en étoit le prix : Imogène les avoit connus; et cependant Imogène étoit innocente. Est-il donc si facile de se séparer de ce qu'on aime tendrement, disoit-elle, un matin, en songeant à la fuite soudaine du ménestrel? alors ce n'est pas de l'amour que je sens. La délicatesse s'alarme même sans témoin. Imogène tressaillit à cette pensée échappée, non pas à ses lèvres, mais à son cœur, et couvrit sa figure de son voile, pour se cacher sa rougeur à elle-même. Ensuite elle essaya de se rendre compte du départ précipité du ménestrel. Quelles que fussent, dit-elle, les accusations mystérieuses que la comtesse vouloit diriger contre lui, je jurerois, sur tout ce qui m'est cher sur la terre, qu'il étoit innocent; car jamais le crime n'a pu souiller l'ame d'un être, dont tous les sentimens respiroient la vertu.

Les conclusions d'un cœur passionné et sans expérience ne sont pas toujours des preuves positives; mais Imogène, pour détruire les soupçons que les apparences devoient naturellement élever, établissoit ses raisonnemens sur des bases plus solides. J'ai peu vu le monde, disoit-elle;

cependant ce que j'ai vu et ce que j'ai lu m'ont appris que le bonheur et la vertu ne sont pas toujours inséparablement liés ensemble, et que le mérite extraordinaire échappe rarement à l'envie et à la persécution. Les souffrances et les dissentions des hommes viennent moins de leurs vices que de leurs erreurs et de leurs préjugés. Si cela n'étoit ainsi, pourquoi les pages de l'histoire seroient-elles remplies par le récit des actions vertueuses et magnanimes d'un petit nombre d'êtres héroïques, qui vécurent pour le bien de leurs semblables, et moururent victimes de leur ingratitude? pourqnoi le génie méconnu languit-il si souvent dans le besoin et la misère? Hélas! il n'est pas nécessaire d'être criminel pour subir la punition due au vice.

Imogène tiroit de ces réflexions la conséquence que le ménestrel étoit non-seulement innocent, mais injustement offensé, et son cœur s'attachoit plus fortement encore à cet objet persécuté. Tout son bonheur consistoit maintenant à tracer des plans pour l'avenir, que sa jeune imagination coloroit des plus vives teintes, et à espérer le retour du ménestrel : mais chaque jour laissoit derrière lui un nouveau regret dans son esprit, car chaque jour lui promettoit des nouvelles du ménestrel; et son cœur qui recevoit avec complaisance des illusions consolantes, expioit ensuite sa crédulité par les tourmens d'une attente sans cesse trompée.

Emportée quelquefois par la vivacité de ses désirs, elle montoit sur les remparts avec l'espérance vague que le premier objet qui frapperoit ses regards dans la plaine, seroit le ménestrel lui-même, revenant pour justifier son caractère, et regagner la faveur de la comtesse; mais le plus ardent examen n'offroit à sa vue que les malheurs de la guerre civile : des villages ruinés, des champs incultes et des paysans fugitifs cherchant une sûreté momentanée dans les retraites impénétrables de la forêt. Des partis militaires, dans le lointain, traversoient en divers sens les campagnes riantes autrefois, maintenant désolées par eux; et si leur apparition pittoresque, leurs armures brillantes et leurs plumes flottantes amusoient l'imagination d'Imogène, ils n'intéressoient pas son cœur. Les larmes que lui arrachoient ses propres souffrances, étoient alors ennoblies par celles qu'elle versoit sur les malheurs de son pays.

Un soir, revenant des remparts, elle passoit près de la porte de l'appartement occupé autrefois par le ménestrel; il lui sembla entendre les sons de sa harpe. D'abord elle se crut abusée par une illusion de ses sens; mais lorsqu'elle approcha, le son atteignit plus distinctement son oreille. Le cœur palpitant, elle se hasarda, avec une émotion inexprimable, à ouvrir la porte, et elle aperçut le page assis au pied du lit, et jouant sur la harpe du ménestrel. A la vue d'Imogène il tressaillit, et se leva pour poser l'instrument. Imogène, mécontente sans savoir pourquoi, et rougissant sans savoir de quoi, s'excusa de sa brusque introduction, et dit avec un sourire :

— Je ne savois pas que vous fussiez musicien, Théodore.

— Je ne le suis pas non plus, mademoiselle, mais il est naturel de chercher à imiter ce qu'on admire.

— Oh, très-naturel, dit Imogène en soupirant.

— J'envoiois le ménestrel pour beaucoup

de raisons, reprit Théodore en baissant les yeux, et surtout pour son charmant talent. Une nuit qu'il jouoit sur la terrasse sous votre fenêtre, mademoiselle, en l'écoutant je pleurois comme un enfant; il est étrange qu'on puisse pleurer de plaisir autant que de peine.

— Ces larmes sont délicieuses, dit Imogène, en regardant la harpe sur laquelle le page s'appuyoit.

— Oui, répliqua Théodore, répondant à son regard, c'étoit sa harpe, et voici, montrant le lit, l'habit de ménestrel, que madame lui fit quitter lorsqu'il changea sa profession pour celle de secrétaire.

— Et à qui appartient-il maintenant, demanda vivement Imogène.

— Cet habit est resté ici sans être remarqué, tel, je crois, que lui-même l'a jeté le matin du jour où il fut emmené prisonnier dans la tour de l'ouest.

— Lui-même, répéta Imogène avec émotion, en soulevant la manche du justaucorps.

— Oui, cette partie du château est peu fréquentée, et les domestiques, qui pensent que le ménestrel étoit un magicien, croient qu'il y a quelque charme dangereux attaché à cette chambre ; aussi je suis le seul qui ose y entrer.

— Et la harpe, dit Imogène.

— Oh! vraiment, la harpe est à moi?

— Il vous l'a donnée, Théodore?

— Oui, mademoiselle, répondit le page avec hésitation ; je lui avois rendu un service, et en retour il m'offrit cet instrument, la seule récompense que je voulusse recevoir, et peut-être la seule qu'il eût à donner.

— Et puis-je demander quel étoit ce service?

— Non, mademoiselle; pardonnez-moi, dit le page en changeant de couleur, mais je ne puis le révéler. Que n'a-t-il encore sa harpe, et moi....le page s'arrêta brusquement.

— Voudriez-vous donc vous séparer de la harpe, demanda Imogène avec une indifférence affectée?

— La désireriez-vous, mademoiselle, répliqua le page avec un sourire pénétrant?

— Si vous vouliez souffrir que j'en devinsse l'acquéreur, reprit Imogène en rougissant.

— Peut-être, dit le page, baissant les yeux, vous trouverez mon prix exorbitant, et je serois capable de demander bien plus que vous ne voudrez accorder?

— Dites plutôt, Théodore, plus que je ne possède.

— Oh! mademoiselle, vous êtes riche, bien riche, en vérité!

— Enfin que souhaitez-vous, demanda Imogène avec impatience?

— Un baiser sur cette belle main.

— Baiser ma main, dit Imogène en rougissant; non, Théodore, je ne veux point prendre avantage de votre galanterie. Ensuite, tirant sa petite bourse qui contenoit quelques pièces d'or que la sœur Stéphanie lui avoit données, elle ajouta: voulez-vous accepter ceci, en attendant que....

— Pas pour le monde entier, interrompit le page; moi, vendre la harpe! et à vous encore! oh! mademoiselle, que vous savez peu.... Il s'arrêta, puis ajouta soudainement: la porterai-je dans votre appartement?

— Non, dit Imogène, en détachant de son sein un reliquaire d'argent, à moins que vous ne me laissiez passer ceci autour de votre cou.

Le jeune page, rougissant de plaisir, se jeta à genoux pour le recevoir.

Il me fut donné par l'abbesse, dit Imogène, tandis qu'elle nouoit le ruban qui le supportoit, comme un préservatif contre tous les dangers; et, ajouta-t-elle avec un sourire fin, puisque vous paroissez tenir obstinément à votre premier mot, je me soumets encore à la condition que vous avez proposée. Le page laissant retomber le reliquaire qu'il alloit porter à ses lèvres, y substitua vivement la main d'Imogène. Ah! s'écria-t-il transporté, je sens que votre don précieux ne garantit pas de tous les dangers.

A la nuit Imogène courut à son petit appartement avec le même empressement que si elle eût été attendue par un ami. Théodore avoit rempli exactement sa promesse. Imogène pressa la harpe contre son cœur, et regreta que le jeune page eût touché les cordes, et détruit ainsi l'impression magique que leur auroient laissée les doigts du ménestrel.

Quelques leçons de luth, données par la sœur Stéphanie, et un goût inné pour la musique, aidèrent aux progrès d'Imogène, sur un instrument dont les sons plaintifs se marioient admirablement avec sa belle voix. L'étude de la harpe, que l'éloignement de son appartement lui permettoit de suivre, sans que la comtesse en eût connoissance, devint son unique amusement. En répétant les airs favoris du ménestrel, le souvenir d'un bonheur passé s'associoit à cette douce harmonie.

Mais le troisième mois qui suivit le départ du ménestrel, dissipa les derniers rêves d'Imogène; et la conviction d'avoir été également déçue par sa propre crédulité et par de trompeuses espérances, s'empara d'un esprit trop orgueilleux et trop délicat pour ne pas souffrir les plus cruels tourmens à cette pensée. Le temps diminua graduellement la vivacité de ces sensations. Le regret d'un bonheur qui expiroit en naissant, et sembloit ajouter une teinte plus sombre à la triste perspective de l'avenir, fit place à cette mélancolie pensive, si fréquemment produite par la transition d'une attente animée par l'espoir, à l'accablante certitude dénuée de toute espérance.

Cependant l'abattement qui saisit le cœur d'Imogène, n'étoit pas seulement produit par le malheur d'une première passion. Lorsque ses idées vagues et errantes se dirigeoient vers le monde et la société, elle parvenoit à étouffer des vœux, que les étroites limites de la sphère dans laquelle elle vivoit, l'austérité rigoureuse de ses associés, ne lui laissoient aucun espoir de réaliser : elle se soumettoit avec résignation à un sort que ses sentimens repoussoient; mais le ménestrel, dans ses courtes relations avec elle, non-seulement lui avoit donné l'idée d'un bonheur inconnu; il avoit encore, par ses éloges flatteurs, encouragé ses talens et réveillé l'ambition engourdie dans son ame. Elle crut entrevoir la possibilité d'atteindre à ce point d'élévation, que dès le berceau elle avoit souhaité d'obtenir, et se persuada que la profession à laquelle on la destinoit, contrarioit les vues secrètes de la Providence, et détruisoit son bonheur. Imogène vivoit dans un temps où les idées romanesques exerçoient une influence que les efforts réunis de la raison et de l'esprit pouvoient seuls parvenir à balancer, et la vive imagination de la jeune novice étoit bien disposée à recevoir les inspirations de l'enthousiasme, et à poursuivre ses brillantes illusions par de-là les bornes de la probabilité et de la prudence.

Le projet de fuir du château, avant que son retour au couvent de Saint-Dominique lui enlevât tout espoir de s'échapper, étoit depuis long-temps l'objet de ses méditations. La raison, la vertu même, me prescrivent d'adopter ce parti désespéré, pensoit Imogène, tandis que l'amour se rioit des graves noms donnés à ses inspirations : elle n'avoit dans son plan de fuite, d'autre but que d'arriver par de délicieuses aventures, à cette situation nouvelle et brillante qu'elle devoit immanquablement atteindre; et d'après une tendre association d'idées, elle comptoit effectuer ce grand dessein sous la forme d'un jeune musicien. Quel doux emploi, pensoit Imogène en soupirant! et le hasard lui fournissoit un déguisement, car l'habit du ménestrel étoit toujours dans la chambre abandonnée.

Je peux justifier ma résolution, disoit la novice, devant le ciel et la terre; je ne veux point violer l'autel de la Divinité par des vœux que mon cœur désavoue; et ce cœur me dit que je ne puis renoncer aux liens et aux affections humaines; il ne me reste donc d'autre alternative que de fuir le sort qui m'attend.

Sans amis, sans protection, innocente orpheline, où veux-tu fuir? quel asile s'offrira pour te recevoir? quels bras s'ouvriront à ton approche? où trouveras-tu un cœur affectionné pour adoucir les souffrances que tu auras à soutenir? Le monde entier, sans doute, est devant toi; mais de quel côté dirigeras-tu ton choix, et qui réalisera les douces visions de ton ardente imagination?

Tels eussent été les avis de l'expérience; mais la novice avoit à peine dix-huit ans: tout enchantoit ses sens, animoit son esprit; et au milieu de leurs séduisantes inspirations, la voix encore si foible de l'expérience n'étoit pas entendue. Oh! jeunesse, saison de délices! qu'y a-t-il dans les jouissances modérées et dans les solides garanties de l'âge mûr, qui puisse compenser la perte de tes rêves brillans, dont le souvenir est presque le seul bien qui reste à la vieillesse? Espoir, génie, vertu, c'est dans le sein de la jeunesse que vos plus belles fleurs croissent et s'épanouissent.

CHAPITRE IX.

Imogène, quoiqu'elle fût entraînée par son esprit romanesque, avoit besoin cependant d'être excitée par des circonstances tout-à-fait désespérées pour en venir à l'exécution des plans hasardeux, tracés par son imagination, mais que sa raison refusoit toujours de ratifier.

Un silence méprisant, ou des exhortations fatigantes du père ; des reproches sévères ou des sarcasmes de la comtesse ; d'ennuyeuses discussions sur les divisions religieuses ; les droits du duc de Mayenne, et l'hérésie du roi, composoient toutes les ressources sociales que le château de Montmorell offroit à Imogène : aussi chaque jour elle se fortifioit dans l'intention d'échapper par la fuite à l'apathie de sa vie actuelle, et au malheur de l'avenir ; et bientôt la nécessité d'une prompte décision, acheva de vaincre ses appréhensions. Les croisades étoient finies ; l'état de trouble où l'on vivoit alors, empêchoit seul la comtesse de partir pour Paris, afin de livrer son ouvrage à l'impression; et le jour du retour d'Imogène au couvent de Saint-Dominique, étoit déjà fixé. La comtesse, voulant donner dans cette occasion une nouvelle preuve de sa magnificence et de sa piété, devoit payer une forte somme pour l'admission de la jeune novice; et par ce trait de sainte politique, elle espéroit tout à la fois récompenser les travaux de son secrétaire, et s'assurer à elle-même la faveur céleste.

On ne parloit au couvent que du pieux zèle et de la générosité de la comtesse, et la novice sembloit entrer dans la communauté sous les auspices les plus favorables: cependant Imogène pensoit autrement; et avec un esprit d'indépendance qui frappa d'étonnement ses protecteurs, elle refusa absolument toute espèce de dotation offerte pour son propre compte.

Un jour que la comtesse et le père directeur énuméroient les nombreux avantages qu'elle trouveroit à entrer au couvent sous de telles conditions, et cherchoient à exciter sa gratitude: si c'est pour l'amour de moi, madame, dit-elle, que votre générosité s'exerce, dirigez-la plus justement; l'ordre de Saint-Dominique est dans l'opulence, et les malheureux paysans qui habitent sur les confins de la forêt de Montmorell, sont en proie à toutes les horreurs de la famine et de la guerre civile : versez sur eux vos bienfaits, madame; sauvez-moi d'une vie pour laquelle je ne me sens aucune vocation, et souffrez que je cherche à mériter votre protection par mes fidèles services et ma reconnoissance.

Je vous entends, dit la comtesse, avec un air satirique; il faut souffrir que vous m'accompagniez à Paris, et éprouver vovotre pieuse foi, en vous exposant aux plus dangereuses tentations; mais ne l'espérez pas : si, par mes conseils ou mon exemple, je ne puis attirer votre ame vers le ciel, saint Dominique me défend de vous aider à rompre vos saints engagemens.

Grand Dieu! s'écria le père, évitez ce crime : et quant à toi, esprit pervers, nous t'avons reçu des mains de l'Eglise romaine comme un dépôt sacré; c'est à elle que nous devons te rendre : alors ta piété ne pouvoit se comparer qu'à celle des Anges, et maintenant, ô triste exemple de la fragilité humaine, tu es devenue presque impie, presque hérétique; mais tu es jeune, tu as de longues années pour te réformer, et les exemples de trente rois et reines qui troquèrent la couronne et le sceptre pour le voile et la crosse, doivent t'encourager : ton ame, dans une sainte retraite, s'élevera au-dessus des passions humaines; et après avoir vécu dans une pieuse abnégation, tu obtiendras une mort douce, et peut-être la gloire d'être ajoutée à la liste des Saintes.

A la liste des martyrs, vous voulez dire, reprit vivement Imogène?

— Tu es martyre de tes penchans coupables, s'écria la comtesse, qui, d'accord avec le père, s'attacha pendant plus d'une heure à démontrer l'impiété des affections humaines, substituant souvent les invectives aux raisonnemens, jusqu'à ce qu'Imogène, épuisée, abattue, fondit en larmes, et s'écria : épargnez-moi, madame, et disposez de mon sort comme il vous plaira. La comtesse, qui trembloit que la perte de l'ame d'Imogène ne fût mise sur son compte, et qui se sentoit humiliée par son énergique opposition, attribua volontiers au pouvoir de son éloquence cette subite réformation. Quelques chapitres incorrects des croisades restant encore à transcrire, elle déclara à la novice qu'elle ne retourneroit pas au couvent cette semaine, et la renvoya avec une douceur qui lui étoit peu familière.

Le couvent de Saint-Dominique n'étoit pas à une demi-lieue du château. Un sentier sauvage et romantique y conduisoit; c'étoit la promenade favorite d'Imogène dans ses heures de loisir, et presque toujours cette promenade avoit pour but une visite au couvent de Saint-Dominique; car la seule amie que son cœur eût encore avouée, la sœur Stéphanie, touchoit à sa fin, et la plus tendre compassion amenoit sans cesse la jeune novice près du lit de la religieuse mourante. La comtesse encourageoit ces visites; l'abbesse et les sœurs accueilloient Imogène avec cordialité, et la malade sembloit recevoir sa seule consolation de cette société chérie.

Cependant, dans tous leurs entretiens, même lorsqu'avec une mutuelle liberté elles discutoient leurs opinions, et que le caractère vif et ingénu de la novice se montroit avec moins de réserve, le secret de son cœur restoit inviolablement caché. Les aventures du ménestrel avoient excité les recherches avides des nonnes curieuses, et la sœur Stéphanie, toujours prompte à ridiculiser leur babil, regarda ce qu'elles racontoient, comme un de leurs contes merveilleux, et ne mit la sincérité de sa jeune amie à l'épreuve par aucune question.

Imogène, qui trembloit que sa tendresse ne parût de la foiblesse, et qui craignoit les sarcasmes de la sœur Stéphanie autant qu'elle respectoit ses vertus et qu'elle admiroit ses talens, profita de cette réserve; elle se sentit le courage de révéler le projet de se soustraire par la fuite à ses vœux religieux, puisqu'elle ne pouvoit pas être soupçonnée de se laisser influencer dans ce dangereux essai par la tyrannie de la passion, plutôt que par la conviction de la raison.

Depuis trois semaines ses travaux assidus près de la comtesse, ne lui avoient pas permis d'aller au couvent, et le soir seulement du jour où la conversation qui vient d'être rapportée avoit eu lieu, elle obtint la permission d'aller passer la nuit près de la sœur Stéphanie.

Elle partit pour son petit voyage, accompagnée par une des femmes de la comtesse, et se détermina pendant le trajet à faire connoître à son amie sa résolution, afin de profiter de ses avis ; car elle pensoit que loin de combattre son projet, Stéphanie l'aideroit à le réaliser.

Quand elle arriva au couvent, toutes les sœurs étoient à vêpres, excepté la malade, absolument hors d'état alors de quitter sa cellule. Imogène la trouva étendue sur son humble couche, et plongée en apparence dans un doux repos. Elle s'approcha légérement, et tressaillit, en observant le changement qui s'étoit opéré depuis sa dernière visite : la plus affreuse maigreur avoit détruit l'élégance des formes de son amie ; une larme échappée de ses yeux fermés, couloit sur sa joue blanche et froide comme le marbre de Paros, et le foible sourire qui animoit ses lèvres, sembloit produit, comme cette larme, par un rêve consolant. Le soleil renvoyoit par la fenêtre de la cellule une teinte pourprée sur les draperies blanches, et donnoit quelque chose de céleste et d'aérien à la sœur mourante, dont une des mains étoit appuyée sur son sein, et l'autre reposoit sur une table placée près du lit.

Le sourire angélique disparut tout à coup; les larmes séchèrent sur ses joues brûlantes; des convulsions agitèrent sa physionomie; tout son corps trembla; elle sembla se débattre avec effort, puis tout à coup s'élança hors du lit avec un gémissement douloureux. Imogène la reçut dans ses bras. Elle la regarda d'abord avec égarement, ensuite elle sourit, pressa sa main d'un air affectionné et reconnoissant, et s'écria : oh! sois la bien venue; ta présence ranime mes esprits abattus.

Imogène la replaça en pleurant sur son lit, et tombant à genoux à ses côtés, elle pressa sa main de ses lèvres.

Que tes larmes sont consolantes, dit la sœur! ah! puissent-elles ne jamais couler que pour le chagrin d'un autre! ensuite elle ajouta en frémissant : quel rêve à la fois si doux et si effrayant! En effet, dit Imogène, je vous observois pendant votre sommeil, et votre physionomie exprimoit une bien vive émotion.

Cela devoit être, dit la sœur avec énergie, car ce rêve contenoit l'histoire de ma vie. Je me croyois, Imogène, à cette douce époque de l'existence dont l'amour, l'espoir et d'innocens plaisirs marquent chaque moment; assise au milieu des ombrages protecteurs qui environnoient le toit paternel, je contemplois à mes pieds l'objet de mon idolâtrie, je sentois la pression de ses lèvres sur ma main tremblante, et j'écoutois cette ravissante assurance, que, dans peu de jours, la mort seule pourroit rompre nos liens. Soudain la scène change, je me trouve transportée des bosquets de Provence dans la grande cour du Louvre; tout étoit enseveli dans les ténèbres et la désolation, la lueur seule des éclairs découvroit à mes yeux des corps déchirés et sanglans, ou des bandes d'assassins plongeant leurs poignards dans le sein des victimes. Prosternée à terre, j'invoque saint Barthélemi; c'étoit le jour de sa fête : je crois le voir descendre de la voûte céleste pour secourir les opprimés et relever les blessés; mais ses yeux rencontrent les miens; je reconnois mon amant, et je m'élance dans ses bras. A ce moment même une troupe furieuse vient nous assaillir, poignarde mon amant, m'arrache de ses bras et me jette sous une voûte sombre et humide, où reposoient les restes en poussière de saint Dominique : la pierre du monument alloit se fermer sur ma tête, lorsqu'il me sembla apercevoir mon frère parmi les meurtriers.

Dieu du ciel! s'écria Imogène en frémissant, et c'est là l'histoire de votre vie!

La sœur croisa ses bras sur son sein, leva les yeux au ciel, et les larmes inondèrent sa pâle figure. Un groupe de nonnes entra alors dans la cellule, et quoiqu'elles vinssent pour s'informer de la santé de la sœur Stéphanie, aussitôt qu'elles aperçurent Imogène, elles l'entourèrent et l'accablèrent de questions frivoles, qui tiroient tout leur intérêt de la monotonie habituelle de leur vie. Imogène ayant satisfait, autant qu'elle le put, à leur avide curiosité, elles souhaitèrent à la sœur fatiguée une bonne nuit, et emmenèrent Imogène offrir ses respects à l'abbesse.

Aussitôt que la novice eut rempli ce devoir, elle revint à son amie, qu'elle trouva un peu plus calme, et assise près d'une petite table, qui soutenoit une lampe allumée, tandis qu'une sœur converse arrangeoit son lit. Elle reçut Imogène avec un sourire mélancolique : j'ai, dit celle-ci, la permission de prendre possession du matelas de la sœur Marie auprès de votre lit : si elle y consent, très-volontiers, dit la sœur, heureuse de résigner à une autre les soins fatigans qu'exigeoit la foiblesse de la malade.

Lorsqu'Imogène fut seule avec Stéphanie, elle entama le sujet qui l'avoit amenée au couvent, développa les progrès graduels de ses idées, et avoua franchement son horreur pour la vie monastique, et sa résolution de se soustraire à un engagement irrévocable. Cependant, ajouta Imogène, comme vous seule avez combattu mon fanatisme enfantin, et jeté sur mon esprit ce rayon de lumière qui, loin de s'obscurcir, a répandu devant lui son éclat toujours croissant ; c'est à vous aussi que je confie mes projets et que j'en remets l'exécution.

La sœur Stéphanie l'écouta avec une extrême émotion, et fixant sur elle ses grands yeux noirs, elle dit d'un ton grave et expressif : chère enfant, il est des principes certains, des vérités immuables, qui prennent place dans notre cœur avec une force irrésistible, quoique l'ignorance, les préjugés et l'indolence passive des hommes qui adoptent de confiance une opinion, pour s'éviter la peine de penser, se réunissent pour les étouffer : tout ce que vous venez de me raconter du changement qui s'est opéré dans vos sentimens ne m'étonne point, car lorsque la raison a son libre essor, elle distingue parmi les documens variés de l'éducation humaine, le bon du mauvais, adhère à l'un avec fermeté, et repousse l'autre avec humilité. Lorsque, dans ton enfance, je voyois l'exaltation de ton jeune esprit t'entraîner sans réflexion au sacrifice de ta liberté, je te plaignois ; et lorsque, dans les cloîtres de Saint-Dominique, je contemplois l'orgueilleuse ambition du génie s'élevant au-dessus des limites de ta destinée, je t'admirois : maintenant que je découvre en toi un esprit éclairé, assurant les droits de la raison, et séparant les devoirs d'une vraie piété des inspirations du fanatisme et de la superstition, je te respecte.

Mais ici mes louanges finiront, car ce n'est plus cette force d'esprit qui te guide, et les suggestions d'une imagination romanesque la remplacent. Fuir! Où? et comment? par quels moyens? et pour quel but?

— Hélas! dit Imogène en soupirant, je n'ai jamais pensé à cela; mais je suis sûre de ne pouvoir m'exposer à un sort plus effrayant que celui qui me menace.

— Mon cœur, s'écria Stéphanie avec emphase, certifiera cette fatale vérité; mais, imprudente enfant, n'as-tu donc d'autre alternative qu'un malheur certain, et un malheur probable? Aucune main amie ne peut-elle te sauver?

— Sur la terre, dit Imogène, embrassant les genoux de la sœur, je n'ai que toi pour amie.

Stéphanie se pencha, et jetant ses bras autour de la novice, elle mêla ses larmes avec les siennes.

— Voilà, dit Imogène, l'assurance du secours que vous me donnerez.

— Et c'est à moi que tu as recours, dit

la sœur en se relevant, à moi qui ai juré sur l'autel d'effacer de mon ame toutes les affections humaines! Ne sais tu pas, ajouta-t-elle avec égarement, que je devrois haïr tout ce qui ose dévier de la doctrine qu'on m'a enseignée, et que j'ai promis de rendre les autres aussi misérables, si cela est possible, que je le suis moi-même!

— Hélas! dit Imogène, considérant avec effroi la figure pâle et convulsive de la nonne, éclairée par la lueur bleuâtre de la lampe, si vous m'abandonnez je suis bien malheureuse!

— T'abandonner, dit la sœur revenant à elle-même, t'abandonner, douce victime! ah! jamais. Et pourtant le monde m'abandonna, quand à ton âge, avec ton ame tendre et ardente, je fus ensevelie dans ce couvent: ici se flétrit la fleur de mon premier amour; ici mes espérances furent détruites pour ne jamais revivre. Tirant alors un médaillon de son sein, elle toucha un ressort, l'ouvrit et présenta deux beaux portraits à Imogène. Voyez, dit-elle, cette figure animée par la jeunesse et la vivacité: telle fut autrefois Stéphanie; et cette belle et noble physionomie étoit...

La nonne s'arrêta un moment, cacha sa figure dans son voile, puis ensuite avec un peu moins d'émotion, elle continua : le chevalier de Sorville et Rosalie de Vilette, après un attachement de plusieurs années, fondé sur une parfaite conformité de goûts, de talens et de pensées, reçurent l'approbation de leurs amis, et l'aveu d'un frère, seul parent qui restât à Rosalie, pour conclure leur union. Ce frère, qui jouissoit de la faveur du roi Charles IX, fut impliqué dans les horreurs de la Saint-Barthélemi, et devint le ministre des vengeances de son infernal monarque : au moment où Sorville, comme l'ange de miséricorde, voloit de tous côtés pour protéger et sauver les huguenots persécutés, il reçut une blessure dans son propre sein, en arrachant une victime aux coups du fanatique de Vilette; et cette blessure, grand Dieu! il la reçut à la vue de Rosalie. Cet affreux spectacle égara son esprit : conduite dans le couvent de Saint-Dominique, elle recouvra enfin, après un long oubli de ses maux, et la mémoire et la raison. Mais son frère ne pouvant plus supporter la pensée d'une alliance avec un homme dont la présence seule devoit exciter ses remords, lui laissa ignorer que Sorville avoit survécu à sa blessure; et parvenant à la soustraire aux recherches de son amant, il profita du désespoir où elle étoit plongée, pour la décider à prononcer les vœux irrévocables qui devoient la séparer du monde à jamais. Peu après ce frère cruel mourut, et Rosalie, alors la sœur Stéphanie de Saint-Dominique, apprit que son amant vivoit encore. Mais helas! il ne vivoit plus pour elle!

Après une longue pause, Stéphanie ajouta : et tu penses que je ne ferai pas un effort pour te sauver du sort que tu crains! le monde dont je suis absente depuis vingt ans, ne m'offre qu'une seule personne à qui je puisse donner le nom d'amie; tu l'as aperçue une fois à la grille du parloir, lorsqu'elle vint de Paris pour me voir dans un moment où je semblois prête à terminer ma vie.

— Je me rappelle bien madame de Rosemont, dit Imogène; je lui portai, suivant votre désir, une cassette, et je reçus d'elle de gracieux éloges qui flattèrent ma vanité enfantine.

— C'est à elle-même, à l'aimable sœur de

Sorville, que je te recommanderai; et pour l'amour de moi, quand je ne serai plus, elle te protégera; mais écoute, la cloche sonne minuit, repose-toi, et demain je déterminerai le plan de ta fuite.

Imogène, qui versoit des larmes de joie, accabla la sœur des témoignages de son affection et de sa reconnoissance; elle embrassa ses genoux, baisa mille fois ses mains, et la supplia ardemment de lui permettre de veiller, jusqu'à ce qu'elle-même se livrât au repos; mais Stéphanie l'assura qu'elle avoit quelques papiers à ranger, et que d'ailleurs le sommeil ne fermoit jamais ses yeux que vers la fin de la nuit.

Imogène, craignant d'être importune, se jeta sur un matelas, et fatiguée de sa longue marche et de tant d'émotions variées, elle tomba dans un profond sommeil.

Le jour commençoit à poindre, et la cloche appeloit aux matines, lorsqu'Imogène s'éveilla, et vit la sœur Stéphanie encore assise devant la table; sa tête étoit appuyée sur sa main, et la lampe ne jetoit plus qu'une lumière mourante. La novice se leva et observa tendrement à son amie qu'elle n'avoit pris aucun repos. Elle souleva sa tête : le voile noir qui ombrageoit sa figure, retomba en arrière, et Imogène contempla avec effroi le changement que la nuit avoit apporté. Les yeux creux de la sœur Stéphanie étoient enflammés et rougis par les larmes ; une teinte livide remplaçoit la blancheur de sa peau ; sa voix ne laissoit plus entendre que des sons rauques et inarticulés. Après avoir pris un breuvage prescrit par le médecin du couvent, elle parut un peu mieux, relut avec vivacité une lettre posée sur la table, la plia et l'adressa au chevalier de Sorville. Tandis qu'elle écrivoit le nom, Imogène vit ses larmes effacer les lettres à mesure qu'elle les traçoit. La sœur présenta ensuite à la novice une autre lettre presqu'entièrement relative à ses intérêts, et destinée à madame de Rosemont. Elle rougit en lisant les éloges flatteurs que lui accordoit une femme dont elle mettoit l'estime à si haut prix ; mais à ce mouvement de satisfaction succéda un profond attendrissement, lorsqu'elle arriva au passage suivant :

« Chère et fidèle amie, adieu : cette « vie que votre tendresse seule pouvoit

« rendre supportable, avance rapidement
« vers sa dernière heure. Mon existence
« pendant ces deux dernières années a été
« un miracle pour les autres, un fardeau
« pour moi. Je considère cette prolonga-
« tion comme une expiation de mes pé-
« chés, et la mort comme une amie long-
« temps attendue, qui me promet un bon-
« heur que la vie me refusoit. Quand vous
« recevrez ceci, probablement je ne serai
« plus : mes yeux obscurcis qui distin-
« guent à peine les foibles caractères
« que je trace, cette main tremblante qui
« guide si difficilement ma plume, et ces
« pensées incohérentes qui expriment si
« mal les sentimens trop ardens encore
« de mon cœur, tout m'avertit que les
« principes de mort renfermés dans mon
« sein m'entraînent au tombeau. La jeune
« novice vous remettra un paquet destiné
« pour votre frère; il contient son por-
« trait, la lettre qu'il adressa il y a quinze
« ans à la sœur Stéphanie de Saint-Domi-
« nique, et quelques lignes, non pas de
« la tendre Rosalie de Vilette, mais de
« cette même Stéphanie mourante. Ce-
« pendant si quelque rayon d'amour ré-

« pand encore sa chaleur languissante sur « ce peu de lignes; si même à l'heure « d'une effrayante dissolution, je suis tra- « hie par mon foible cœur, éloignez de « sa vue ces derniers mots, et que celui « dont l'ame noble et généreuse s'élève « au-dessus de l'humanité, n'aperçoive « pas combien il m'a laissée loin derrière « lui dans le chemin de la vertu. Peut- « être mon esprit auroit-il pu atteindre à « la hauteur du sien, mon cœur seul « manquoit de force. Maintenant tout est « fini; la mort accomplira ce que la rai- « son et la philosophie n'ont pu faire; « car de Sorville cessera d'être adoré, « quand Rosalie cessera de vivre. Adieu « encore une fois, adieu pour toujours. »

— Pour toujours, répéta douloureusement Imogène; puis jetant ses bras autour de Stéphanie, elle fondit en larmes sur son sein.

— Ma chère enfant, dit la sœur avec émotion, épargne-moi, épargne-toi, et ne laissons pas consumer par de vains regrets le temps précieux qui seroit employé à te sauver. Crois-moi, après que le bonheur de servir mon prochain m'a été interdit pendant tant d'années, l'idée d'avoir contribué à t'arracher au malheur, répandra quelque douceur sur la triste fin de ma vie.

Ecoute-moi tandis que j'ai encore la force de parler : je crains les obstacles que ta fuite peut rencontrer. Aujourd'hui je verrai une personne sûre, et dont je peux réclamer les services. Retourne au château de Montmorell, et obtiens la permission de venir demain au couvent à l'heure de vêpres. La supérieure, qui croit assurer par ta profession de riches dons à sa communauté, désire impatiemment ton retour; et la comtesse qui a long-temps tremblé pour son propre salut, qu'elle juge compromis par tes prétendues hérésies, souhaite aussi vivement t'ensevelir ici; il faut échapper à leur vigilance, sans compter sur leur générosité, car elles croiront se faire un mérite devant le ciel en te forçant de te soumettre, non pas à leur conviction, mais à leurs craintes et à leurs préjugés. Oh! elles ne savent pas combien la bonté divine est illimitée! la religion n'est pour elles qu'un petit code de cérémonies locales; mais toi qui la considères comme un meilleur moyen pour le bonheur et la vertu, puisses-tu échapper aux liens dont leur zèle mal entendu veut t'entourer. Cependant ne crois pas laisser derrière toi, en fuyant le couvent, toutes les erreurs de la superstition et du fanatisme : ce sont des plantes robustes qui croissent sur tous les sols, et reçoivent protection de tout ce qui n'est pas animé par une vraie piété ou un esprit éclairé.

La sœur, après un moment de silence, continua : je crains que ma mémoire ne m'abandonne entièrement, et je veux terminer sur-le-champ les petits arrangemens que je puis encore faire. Alors prenant la boîte aux portraits, elle plaça le sien dans la lettre adressée à son amant, puis considéra celui du chevalier, jusqu'à ce que sa main tremblante perdît la force de le soutenir. Elle essaya de fermer le médaillon; mais trouvant cet effort trop pénible, elle s'écria : je ne peux pas, et elle le remit à Imogène, qui ferma le ressort. Cachez-le soigneusement, dit la sœur en détournant les yeux, et donnez-le à madame de Rosemont. Imogène mit la lettre et la boîte dans son sein. Cette bague, ajouta Stéphanie, tirant un riche diamant de sa cassette, me fut donnée par une mère mourante. Elle la baisa, la baigna de ses larmes, puis la plaça au doigt de la novice : portez-la, dit-elle, pour l'amour de son infortunée fille, et prênez aussi cette petite bourse d'or ; tu en auras besoin, pauvre fugitive, et tu ne voudrois pas affliger par un refus une personne qui a plus de désir que de moyens de te servir. Imogène regarda la bague, ensuite la bourse, ensuite la sœur, et tombant à ses pieds, elle pressa ses mains sur ses lèvres avec cette vivacité d'émotion que l'enfant de la nature peut seul éprouver.

La reconnoissance est le sentiment le plus vif d'un cœur honnête; mais la délicatesse d'un cœur généreux s'alarme de ses trop vives effusions. La sœur Stéphanie et la novice démontroient alors la vérité de cette maxime; car la physionomie d'Imogène exprimoit toute l'énergie de ses sentimens de gratitude, et les regards tendres, mais à demi détournés de Stéphanie, indiquoient cette pudeur modeste qui veut en vain se dissimuler ses droits à l'hommage qu'on lui présente. — Vous pouvez, dit la sœur en relevant la novice, me récompenser au centuple du peu que j'ai fait, en me promettant de vous conduire avec prudence, et de réprimer ce tour d'esprit romanesque, qui s'opposeroit directement à la circonspection que je vous recommande. Retournez au château, une plus longue conférence éveilleroit les soupçons. Imogène n'avoit eu que le temps de l'embrasser, lorsque plusieurs sœurs entrèrent, et après avoir exprimé leur regret de l'altération visible des traits de la malade, elles emmenèrent la novice qui, après avoir assisté aux matines, reprit la route du château.

CHAPITRE X.

Imogène passa le temps qui s'écoula entre le moment de son retour au château et celui où le mode d'exécution de sa fuite devoit être déterminé, dans les tourmens d'une attente inquiète; et cette espèce de souffrance étoit insupportable à un esprit vif et impatient qui concevoit à peine un projet, sans que l'imagination lui offrît les moyens de le réaliser.

La comtesse Madeleine ne possédoit du génie que son inconstante mobilité; guidée par le caprice plutôt que par le jugement, sans cesse elle changeoit et prétendoit améliorer quelque passage de son ouvrage. Imogène fut retenue près d'elle à une heure plus avancée qu'à l'ordinaire, le soir même où elle devoit visiter pour la dernière fois le couvent de Saint-Dominique, afin de ne pas l'habiter toute sa vie.

Agitée par mille craintes naturelles dans sa situation, elle n'osa pas demander la permission de se rendre aux vêpres du couvent, et le soleil avoit déjà presque abandonné l'horizon quand elle quitta le cabinet de la comtesse. Tandis qu'elle s'arrêtoit incertaine à l'une des fenêtres de son appartement, d'où l'on découvroit les clochers du couvent, Théodore, le jeune page, tenant une mule par la bride, sortoit par la poterne située précisément sous cette fenêtre. Théodore, dit doucement Imogène, où allez-vous? Le page tressaillit, se retourna, et lui dit : au château de l'évêque, mademoiselle, pour remettre avant le jour ce paquet du père Anselme.

— Et si c'est votre chemin de passer près du couvent de Saint-Dominique, voudrez-vous m'accompagner jusqu'à la porte?

— Si je le voudrai! c'est véritablement mon chemin; mais combien je m'en écarterois volontiers pour avoir le bonheur de vous suivre!

— Attendez donc un moment, dit Imogène, et jetant un manteau sur ses épaules, elle descendit sans bruit à la porte où Théodore la reçut. Le soleil sur son déclin rougissoit à peine le sommet des plus hautes montagnes. La lune éclairoit déjà les clochers de Saint-Dominique, et des planètes sans nombre, environnées par leurs mondes subalternes, paroissoient graduellement sur un ciel pur et sans nuage.

— Quelle belle soirée, dit le page, jetant la bride sur le cou de la mule qui le suivoit au petit pas, tandis qu'il marchoit à côté d'Imogène!

— Très-belle, en vérité, répondit Imogène, et ils continuèrent à marcher en silence.

— Quand nous réfléchissons, dit Imogène quelques momens après, que chacune de ces brillantes étoiles qui paroissent et disparoissent à nos yeux est un soleil, centre d'un autre système de monde, perdus, accablés à l'idée de la Toute-puissance qui les créa, nous devons dire avec le royal psalmiste : *Seigneur, l'homme ou le fils de l'homme mérite-t-il que tu le considères?*

— Mais vous qui vantez les ouvrages merveilleux de la nature, s'écria le page, n'en êtes-vous pas le plus intéressant. Ah! mademoiselle, quand je vous entends parler ainsi, et que je vous vois si jeune et si belle....

— Est-ce la cloche du couvent, interrompit Imogène, confuse et frappée pour la première fois de l'inconvenance qu'elle avoit commise en s'échappant du château à l'insçu de la comtesse, avec un tel guide et à une telle heure? La nécessité seule peut m'excuser, pensa Imogène, décidée à continuer sa route en silence.

— Il y a certainement quelque charme particulier dans les instructions que vous donnez, ajouta le page; car le peu de mathématiques et d'astronomie que le père Philippe avoit eu la bonté de m'enseigner, a été aussi vîte oublié qu'appris; et vous n'avez pas prononcé un seul mot en ma présence que je ne pusse répéter aussi exactement que mes prières. Je l'ai souvent pensé, mademoiselle, si tous les maîtres vous ressembloient, le monde en tireroit plus d'instruction que de tous les colléges des jésuites.

— Il y a plus de galanterie que de justice et de vérité dans votre remarque, dit froidement Imogène; mais hâtons le pas, je vous prie, ou je manquerai les vêpres.

— Est-il vrai, mademoiselle, que vous devez entrer en profession dimanche prochain?

— Je le crois, répondit Imogène.

Dieu de bonté, s'écria le page avec un profond soupir! ils étoient alors en vue des portes du couvent.

Imogène s'arrêta soudainement : écoutez, dit-elle, comme cette musique s'élève doucement dans le silence de la nuit.

— Ce sont sans doute les nonnes qui chantent le service du soir, dit le page.

— Certainement, répliqua Imogène, il y a quelque chose de plus qu'à l'ordinaire; et montant une petite colline, du sommet de laquelle on découvroit l'enclos du couvent, elle fit observer à son compagnon l'effet produit par des torches allumées, qui s'approchoient lentement, et reproduisoient une teinte rouge sur le triste feuillage des pins et des cyprès, dont les cloîtres étoient environnés, tandis qu'une longue rangée de sombres arcades interceptoit la masse de lumière que l'illumination de l'église répandoit à travers les vitraux colorés de ses fenêtres gothiques. Dans ce moment parut une procession de moines marchant deux à deux, et tenant des cierges allumés. Quatre frères de l'ordre de Saint-Dominique les suivoient; ils portoient sur leurs épaules une bière couverte d'un drap mortuaire, qui retomboit jusqu'à terre. L'abbesse, soutenue par deux de ses religieuses, menoit le deuil, et le corps entier des sœurs de la communauté terminoit la procession qui s'avança solennellement à travers les cloîtres. Les frères chantèrent le *Miserere* jusqu'à la porte de l'église. Alors les nonnes commencèrent le *Requiem* : les tons graves et pénétrans de l'orgue couvrirent bientôt le chœur de leurs douces voix, et cette triste scène s'ensevelit dans l'obscurité.

— Que cela est effrayant, dit le page! on porte une des pieuses sœurs à sa dernière demeure.

Imogène descendit rapidement la colline, et, saluant de la main Théodore, elle entra par la porte du cimetière qui étoit ouverte, et se glissa dans l'église. L'office des morts venoit de commencer. Le corps, placé au centre des bas côtés, étoit environné de cierges.

Quoiqu'à peine capable de se mouvoir,

Imogène se traîna derrière les piliers, entra dans le chœur, et, sans oser faire une question, se jeta à genoux près de la sœur converse, qui avoit soigné Stéphanie. Ainsi, dit celle-ci à voix basse, vous êtes venue trop tard, tout est fini pour votre amie.

— Dieu de miséricorde, murmura foiblement Imogène, mes soupçons étoient trop justement fondés!

— Oui, dit la sœur, vous êtes trompée dans votre attente; mais quoique j'eusse droit à ce qu'elle auroit pu laisser (car Dieu sait les peines que j'ai prises), je n'ai rien de plus que vous-même. La sœur Stéphanie employoit tout son esprit à critiquer les autres, et elle étoit dupe des plus absurdes histoires de malheur.

Imogène écoutoit en pleurant ce discours égoïste et inhumain; après une longue pause elle demanda, d'une voix à peine articulée, quand Stéphanie étoit morte.

— Trois heures après que vous l'eutes quittée, répondit la sœur : lorsqu'en sortant de matines j'allai dans sa cellule, je la trouvai évanouie sur le plancher, elle ne revint de cette foiblesse que pour tomber dans une autre; nous la portâmes dans la chapelle pour recevoir les secours spirituels, et elle expira dans nos bras.

Ici l'office des morts étant fini, la procession s'achemina vers le haut du chœur, où un tombeau étoit ouvert pour recevoir les restes mortels de l'infortunée Rosalie de Vilette : aussitôt que le corps fut enterré, chacun se retira, et Imogène se trouva seule assise près du tombeau, et pleurant l'unique amie que la Providence lui eût accordée pour adoucir sa malheureuse destinée. Elle éprouvoit une sorte de douceur mélancolique en se livrant ainsi à l'excès de sa douleur; mais aux regrets purs et désintéressés de l'amitié, succédèrent quelques considérations plus personnelles. Imogène se trouvoit abandonnée sur la terre, et toutes ses espérances étoient détruites au moment même où l'amitié sembloit se charger de les réaliser. Elle n'avoit pas la plus foible connoissance de la personne au soin de qui la sœur vouloit la confier, pour la conduire sûrement à madame de Rosemont; et comment pourroit-elle, sans secours et délaissée, trouver moyen d'échapper avant trois jours à la vigilance de la comtesse, ou voyager seule dans cette partie de la province en proie à tous les désordres de la guerre civile. C'étoit une question qui ne présentoit pas de réponse.

Le son lugubre de minuit ramena son attention distraite par cette suite de réflexions au sentiment de sa position. Assise sur un fragment de pierre près du tombeau de son amie, sans autre lumière que celle des lampes mourantes suspendues dans les bas côtés, Imogène remarqua en frissonnant cette effrayante obscurité. Elle se leva et prit un cierge qui brûloit devant la châsse de saint Dominique; mais il ne servit qu'à rendre les ténèbres de l'église plus visibles. Quoiqu'élevée dans un couvent, Imogène n'étoit pas superstitieuse; mais la vivacité de son imagination, et l'impression que les circonstances récentes avoient produite sur son esprit, la laissèrent pour un moment en proie à ces craintes vagues qui ne sont ordinairement nourries que par l'ignorance et l'erreur; aussi leur influence fut de peu de durée. Elle sourit bientôt de ses appréhensions, et s'avança vers une porte qui ouvroit dans le cloître, déterminée à s'établir pour le reste de la nuit dans la cellule de la sœur converse, dont elle vouloit encore recueillir des détails sur son amie. Elle avoit à peine avancé quelques pas, lorsque trébuchant sur des carreaux mal scellés, elle se blessa légérement le pied. Pour éviter un accident semblable, elle prit une lampe suspendue à un pilier, et la porta devant elle; mais la lumière qui se réfléchissoit sur le pavé en mosaïque sembla renvoyée par une ombre prolongée. Imogène leva machinalement les yeux, et vit une grande figure appuyée sur le piédestal du monument : elle tressaillit; puis supposant que c'étoit une statue, elle éleva sa lampe. La figure s'éloigna. Imogène embrassa le pilier, ses genoux fléchirent, et elle seroit tombée à terre, si un bras ne l'avoit soutenue.

Ne craignez rien, madame, murmura une voix basse et plaintive; l'ame de celle que vous regrettez veille comme un ange gardien sur l'amitié en pleurs, et....

Imogène n'en entendit pas davantage, ses craintes exagérées lui enlevèrent l'usage de ses sens, et lorsqu'elle revint de cet état d'insensibilité, elle se trouva assise sur la base du monument où la figure lui étoit apparue, et soutenue par le père Philippe dont la lanterne étoit posée à terre.

— Dieu de miséricorde! est-ce vous, père, s'écria-t-elle? la crainte m'auroit abusée au point de méconnoître votre voix et votre figure! Cependant vous paroissiez au-dessus de la stature ordinaire, tandis que vous étiez appuyé contre ce piédestal.

— Je m'appuyois contre un piédestal! sainte Vierge! tu as sans doute eu une vision, ma fille, dit le père, dont la taille courte et ramassée auroit eu à soutenir une étrange métamorphose pour répondre à la description d'Imogène.

— Ce n'est donc pas vous, père, qui m'avez retenue, lorsque j'allois tomber sur la terre?

— Non, en vérité; je retournois à mon couvent après avoir visité la sœur Agnès, qui va bientôt suivre la sœur Stéphanie, et je t'ai trouvée assise ici pâle et sans vie.

— Et vous n'avez vu personne, demanda Imogène?

— Aucune autre que toi, dit le père, et vraiment tu m'as fait une belle peur.

Imogène alors raconta comment s'étant oubliée au tombeau de son amie, elle avoit aperçu une grande figure, qui même lui avoit parlé.

Le père éprouva quelque émotion à ce détail; cependant la réflexion l'amenant à penser que les craintes d'Imogène, jointes à l'obscurité, et la solennité du lieu, pouvoient avoir seules évoqué le fantôme, ou que peut-être quelqu'une des personnes qui avoient assisté aux funérailles étoit restée en arrière, il se rassura assez pour visiter l'église, et en effet la porte qui donnoit sur le dehors fut trouvée encore ouverte.

Imogène n'étoit pas dans un état d'esprit à discuter les conjectures du père, elle s'appuya sur son bras, pour regagner le couvent, et rejoignit quelques sœurs qui veilloient une de leurs compagnes malade; et tandis que les histoires merveilleuses circuloient à la ronde avec une intarissable volubilité, la novice restoit silencieuse et pensive, absorbée dans des réflexions, où l'apparition du mystérieux étranger ne tenoit pas une place médiocre. L'imagination d'Imogène étoit trop romanesque pour ne pas s'exercer sur cette aventure. La voix et les paroles de l'étranger étoient si remarquables, qu'elle ne pouvoit les attribuer avec le père Philippe à aucun paysan des environs. Cependant la mort de Stéphanie devenant le sujet de la conversation des nonnes, la novice apprit qu'une dispense du pape, qui permettoit à la sœur de s'éloigner du couvent pour rétablir sa santé, avoit été apportée par deux nobles étrangers; qu'ils avoient paru fort affligés de la nouvelle de sa mort, et étoient repartis sans vouloir s'arrêter.

Imogène fut alors certaine que la personne qu'elle avoit vue étoit un de ces étrangers; mais elle ne parla pas de cet incident, pour éviter les questions fatigantes des nonnes, et le matin elle rentra au château avant que son absence eût été aperçue.

Quand une ame forte est contrainte de se reposer entièrement sur son énergie, elle devient fertile en ressources. Je dois, dit Imogène, compter sur moi seule, et cette pensée la conduisit à une juste appréciation de ses moyens. Elle avoit de l'argent au-delà de ses besoins, au moins elle le croyoit ainsi, et une lettre, qui lui promettoit la plus favorable réception chez madame de Rosemont. Son premier plan de fuir sous les habits du ménestrel, lui revint alors à l'esprit, comme le seul qu'elle pût adopter. Cependant, pour l'exécuter, il falloit quelque secours, et la seule personne dont elle devoit en espérer étoit... le jeune page Théodore.

La modestie et la fierté naturelle de son caractère l'avoient empêchée jusque-là d'entretenir la moindre relation particulière avec le page, et les galanteries respectueuses de celui-ci avoient encore ajouté à la réserve d'Imogène. Leur seul commerce pendant deux années passées sous le même toit, avoit consisté en offres de légers services d'un côté, et en refus gracieux de l'autre. L'idée seule de l'aveu qu'elle alloit faire, du service qu'elle alloit demander, l'accabloit de confusion, lorsqu'elle entra dans l'appartement où Théodore, qui lisoit tous les romans du temps, étoit entièrement absorbé par son livre. A l'entrée d'Imogène, il le jeta de côté, et se leva respectueusement. Je crains, dit la novice, d'avoir interrompu vos études.

—Ah! mademoiselle, quelle étude pourroit valoir une semblable interruption!

— Peut-être, reprit Imogène, étiez-vous en querelle avec l'auteur, et avez-vous été bien aise de profiter de cette occasion pour l'abandonner?

— Pardonnez-moi, cette histoire me paroissoit au contraire fort intéressante : c'est celle d'un brave et noble chevalier. Par le seul secours de son courage il délivroit une belle et aimable dame de la tyrannie de deux tuteurs, qui vouloient la forcer d'entrer dans un couvent pour s'emparer de sa fortune. Que ce chevalier étoit heureux!

— Le pensez-vous réellement, Théodore, et voudriez-vous porter votre secours aux opprimés, si l'occasion s'en offroit?

— Si je le voudrois! oh, Dieu! mais vous ne connoissez pas, vous ne voulez pas connoître mon cœur.

— Je pense au contraire, Théodore, que je le connois parfaitement, car je le crois noble, généreux et bienveillant : sans cela, je ne hasarderois pas la confidence que je veux vous faire.

— Une confidence, et à moi! grand Dieu! c'est impossible.

— Sans doute, si vous refusez de la recevoir.

— Moi la refuser! ah! je jure de consacrer ma vie à votre service.

— Non, mon cher Théodore, je ne demande ni sermens ni protestations, dit Imogène, qui ensuite lui fit part de sa résolution d'éviter un genre de vie contre lequel son cœur lui présentoit des objections que sa raison ne pouvoit vaincre, de l'espérance qu'elle devoit concevoir d'obtenir un asile chez madame de Rosemont, et de toutes les circonstances relatives à ses projets. Théodore l'écoutoit avec un étonnement inexprimable. Quoi! mademoiselle, vous qui avez toujours été considérée comme une sainte, et destinée à devenir religieuse; c'est bien étrange, et cependant bien naturel! d'ailleurs ce que vous pensez doit toujours être juste et sage. Mais si vous pouviez rester ici, que je serois ravi! quand vous quitterez le château, qui se souciera d'y demeurer? oh! si vous saviez combien votre présence égaie sa solitude, et combien de fois le plaisir seul de vous voir traverser l'antichambre m'a ranimé pour la journée entière. Je vous regardois comme un être consacré à Dieu : j'aurois cru commettre un péché en pensant à vous autrement qu'à mon saint patron, et Dieu sait quelle peine je prenois pour étouffer.... Mais, pardon, mademoiselle, je ne voudrois pas pour tout au monde vous offenser. Vous parliez de fuir le château; cependant je crois que la comtesse est bien résolue à vous faire religieuse, que ce soit votre vocation ou non; et il ne sera pas facile d'échapper à sa vigilance. Où demeure madame de Rosemont?

Imogène tira de son sein la lettre adressée à cette dame, et Théodore voyant que son château étoit situé sur les confins de la Picardie, et à trois lieues de la ville de Soissons, s'écria tout à coup : rien ne peut être plus heureux! Vous saurez, mademoiselle, qu'à deux lieues environ du château demeure une veuve et ses deux fils, qui font un commerce de toiles assez considérable. Soissons est leur principal marché, et depuis que cette partie de la province a été livrée aux troubles de la guerre, ils portent leurs marchandises par eau, et côtoient les bords de l'Aisne. Lorsque le temps est serein, on peut voir de vos fenêtres la fumée de leur cheminée. Ils sont francs, simples, crédules, et ne se distinguent des autres paysans que par un peu plus d'opulence. Vous n'ignorez pas, mademoiselle, que j'ai quelque connoissance en pharmacie, ayant cueilli des plantes pour les frères de Citeaux, et travaillé dans leur laboratoire, jusqu'à ce que le père Anselme me recommandât à la comtesse. Ces bonnes gens me prennent pour un savant, et comme j'ai eu le bonheur de guérir un des fils de la veuve d'un mal à la jambe, ils se croient obligés de me servir de tout leur pouvoir. Dimanche est le jour fixé pour votre retour au couvent, le marché de Soissons a lieu le samedi : ces bonnes gens partiront demain matin vendredi ; je vous recommanderai à eux comme une de mes parentes allant vivre près d'une dame en Picardie, et quand vous serez à Soissons, ils trouveront facilement les moyens de vous conduire au château de Rosemont.

La vive Imogène saisit ce projet avec ardeur, et ses larmes prouvèrent à Théodore sa reconnoissance. Mais êtes-vous sûr, dit-elle, que ces gens m'accorderont leur protection; et comment pourrez-vous les voir d'ici à demain matin?

— Oh! très-facilement, mademoiselle, je m'embarquerai dans le petit bateau de promenade, et je traverserai l'Aisne au lieu de prendre la grande route; par ce moyen je serai à leur chaumière en moins d'une heure et demie, et je pourrai revenir pour le moment du souper de madame. Pendant ce temps, préparez ce que vous voulez emporter, et à trois heures après minuit, lorsque la lune se levera, le bruit des rames sous votre fenêtre sera le signal du départ.

— Mais, dit Imogène, après un moment de silence, et avec quelque confusion, si je me déguisois sous le costume d'un ménestrel, ne voyagerois-je pas avec plus de sécurité?

— Il est certain, mademoiselle, que votre sexe, votre âge et votre visage ne sont pas des garans bien certains contre les dangers de la route, et l'habit de ménestrel est une espèce de passeport; mais je ne crois pas nécessaire que vous le preniez avant votre arrivée à Soissons. La partie de votre voyage la plus périlleuse sera le trajet des trois lieues que vous aurez à faire de Soissons au château de Rosemont. La guerre se poursuit avec fureur en Picardie, le roi a investi Laon, et les deux armées sont répandues sur toutes les directions.

— La robe du ménestrel est-elle encore dans son appartement, demanda Imogène en rougissant?

— Elle y est, mademoiselle, je la porterai dans votre chambre avec quelques vêtemens à moi, car nous sommes à peu près de la même taille, et le ménestrel étoit bien plus grand.

— Oui, dit Imogène, en soupirant.

— Pensez-vous que vous le rencontrerez, ce ménestrel, dit le page avec un sourire pénétrant?

— Mon Dieu! non; pourquoi le penserois-je?

— Pardon, je ne sais en vérité pourquoi j'ai cette idée; mais je suis sûr que que si en effet vous retrouviez le ménestrel, il béniroit cet heureux hasard. Cependant il est bien singulier qu'avec de pareils motifs, il ne soit pas revenu, et à moins qu'il....

— Théodore, interrompit Imogène, il seroit prudent de nous séparer maintenant; cette longue conférence pourroit exciter des soupçons.

— Cela est vrai, mademoiselle, il est égoïste à moi de chercher à prolonger mon bonheur aux dépens du vôtre; mais une conversation avec vous est si.... J'ai fini, mademoiselle, trouvez-vous ici ce soir à neuf heures; je serai revenu de la chaumière de Marguerite, et je vous apprendrai sa réponse.

Théodore alors partit pour son expédition, et Imogène se rendit pour la dernière fois, comme elle l'espéroit, dans le cabinet de la comtesse.

A l'heure fixée par Théodore, Imogène le trouva dans l'antichambre. Il n'eut que le temps de lui raconter qu'il avoit tout arrangé selon ses désirs avec Marguerite. La cloche les appela à la salle à manger, où Imogène prit sa place accoutumée; le cœur lui battoit fortement pendant le souper, qui lui parut le plus long et le plus ennuyeux de sa vie. Le père, après avoir fait honneur à tous les plats avec le goût le plus judicieux, rompit le silence pour déclamer contre le luxe de la table, et loua le brouet noir et la tempérance en achevant une bouteille de vin du pays. La comtesse donna enfin le signal de la retraite, en se levant, et le père suivit son exemple.

Quand le cœur se trouve dans une situation nouvelle, il éprouve des émotions dont il se croyoit lui-même incapable. Imogène reçut la bénédiction du père avec attendrissement, et souhaita une bonne nuit à la comtesse avec un accent si tendre, que celle-ci, atteinte par la contagion, remplaça son salut froid et cérémonieux par un Dieu vous bénisse, mon enfant, qui pénétra plus vivement dans l'ame d'Imogène que le plus aigre reproche. Il est probable, pensa-t-elle, en les suivant des yeux, que je ne les reverrai jamais : et cette réflexion lui fit oublier combien ils l'avoient traitée sévèrement. Elle se souvint seulement des peines que le père s'étoit données pour l'instruire, et de la condescendance avec laquelle dernièrement encore la comtesse l'avoit consultée sur son ouvrage.

En rentrant dans sa chambre, Imogène trouva la robe du ménestrel, et les vêtemens du page sur son lit. Elle les enveloppa avec un peu de linge, et s'asseyant ensuite à la fenêtre, elle passa le reste de la nuit agitée tour à tour par l'espoir d'être délivrée du sort qu'elle redoutoit, et par les craintes que devoit naturellement faire naître un essai si hasardeux. Enfin l'horloge sonna trois heures, la lune parut derrière les clochers de Saint-Dominique, et le bruit des rames se fit entendre. Imogène se leva, jeta sur elle un large manteau, et prenant d'une main son petit paquet, de l'autre son luth destiné à remplacer la harpe du ménestrel, elle s'avança d'un pas silencieux, et traversa la galerie qui ouvroit par une porte vitrée sur la terrasse, où Théodore l'attendoit. Il se chargea du paquet et du luth, prit son bras sous le sien, et la conduisit à l'escalier de marbre qui descendoit à la rivière. Le bateau étoit amarré au bas des marches; Théodore plaça d'abord sa tremblante compagne, puis s'asseyant en face d'elle, il fit mouvoir avec vigueur les rames étincelantes de gouttes brillantes éclairées par la lune : la barque glissoit sur l'onde, et le site sauvage du château et de la forêt de Montmorell prenoit un aspect sombre et solennel. Imogène le contemploit avec cet intérêt qu'inspirent même les objets inanimés à un cœur sensible, lorsqu'habitué depuis long-temps à les voir, il va les quitter pour toujours. Un souvenir consacroit chaque lieu dont elle s'éloignoit, et ce doux regret se mêloit avec la joyeuse certitude d'avoir recouvré sa liberté. Apostrophant en elle-même le triste édifice sur lequel ses regards étoient attachés, elle se disoit : combien d'heures fatigantes, de jours sans repos j'ai passés dans tes murailles ! là mon cœur devoit renfermer en lui-même de vives émotions; là mes yeux cherchoient vainement un regard de sympathie, et mes réflexions ne servoient qu'à me convaincre du malheur de ma destinée. Les rayons de la lune frappant alors sur une des fenêtres du château, elle la reconnut pour celle où elle avoit reçu les derniers vœux du ménestrel, et goûté un bonheur qui surpassoit tout ce qu'elle connoissoit de félicité humaine. L'expérience, pensoit Imogène, m'a appris que c'étoit un rêve ravissant; mais je ne voudrois pas échanger les émotions que le souvenir seul de ce rêve excite, pour tout ce que j'ai obtenu, et tout ce que je peux espérer de satisfaction dans ce monde. Hélas! pourquoi le moment le plus heureux de ma vie n'a-t-il été qu'une trompeuse illusion? Ces exclamations demi articulées furent suivies de larmes abondantes.

— Ah! mademoiselle, s'écria le page, qui depuis long-temps observoit en silence son éloquente physionomie, ceux que vous laissez doivent seuls pleurer. Je savois bien que vous deviez nous quitter dans un temps ou dans l'autre; mais au moins vous seriez restée dans le voisinage, et, les jours de fête, quand je vais à l'église de Saint-Dominique, j'aurois entendu votre douce voix. Maintenant, à la vérité, vous êtes libre, ce n'est plus un péché de penser à vous; mais je suis sûr que vous êtes destinée à quelque chose de grand, et je n'oublierai jamais l'horoscope que tira pour vous le vieil astrologue qui vint au château.

J'ai pourtant lu dans un roman qu'un page devint amoureux de la dame qu'il servoit. C'étoit bien audacieux à lui; mais peut-on raisonner avec son cœur; dites mademoiselle, cela est-il possible?

— Je l'espère, Théodore, répondit Imogène en soupirant; car pourquoi la raison nous auroit-elle été donnée? Le cœur le plus honnête, le plus sensible, est souvent le jouet de ses propres impressions; et des penchans qui paroissent vertueux, considérés en eux-mêmes, peuvent souvent se trouver opposés à la prudence, à la justice et au bonheur des autres, aussi-bien qu'au nôtre.

— Cela est vrai, mademoiselle, vous parlez et pensez toujours comme un ange: nous ne devrions pas nous attacher à un objet que nous ne pouvons jamais posséder; non que ce soit un tort d'aimer ce qui est si digne de l'être, mais il est coupable et extravagant d'encourager une inclination qui détruit notre repos et notre bonheur, quand on n'a pas même l'espoir de la satisfaire. N'est-ce pas là votre avis, mademoiselle?

— Sans doute, dit Imogène, et ils restèrent l'un et l'autre silencieux jusqu'au moment où la barque entra dans un petit port voisin de la chaumière de Marguerite. Le jour commençoit à poindre, une foible teinte jaune coloroit l'horizon, et la lune ne paroissoit plus qu'une vapeur lumineuse; un bateau marchand étoit amarré à peu de distance. Théodore mit sa petite barque à l'ancre, sous un saule à demi renversé, dont les branches la couvrirent presqu'entièrement; ensuite il sauta sur le rivage et frappa à la chaumière, où il fut admis sans difficulté. Peu de momens après il revint avec une femme de moyen âge, et vêtue comme les paysans de la province, qui souhaita la bienvenue à Imogène dans un patois rude et grossier, que son air de bonté put seule rendre intelligible. Elle conduisit ensuite sa jeune et timide protégée dans une petite chambre où deux beaux garçons étoient à déjeûner. Imogène et le page, pressés par leurs hôtes avec toute la vivacité d'une franche hospitalité, partagèrent leur chère frugale.

Le repas fini, les jeunes gens et leur mère allèrent au bateau; et lorsqu'Imogène les vit arranger le dernier paquet de marchandises, elle se tourna vers le page, et l'ayant remercié d'une voix altérée par son émotion, elle ajouta : maintenant, mon cher Théodore, mon cœur est tourmenté par la crainte que votre absence ne soit découverte; il seroit soulagé de cette pénible inquiétude, si je vous voyois ramer vers le château, que le jour permet déjà de distinguer même à cette distance. Oh! dit le page, en essuyant ses larmes, je ne serai là que trop tôt.

— Combien vos regrets me touchent, reprit Imogène attendrie! et cependant une action bienfaisante exercée pour un autre, au risque même de vous compromettre, doit répandre une joie bien pure dans un cœur comme le vôtre; croyez que le mien conservera éternellement le souvenir de votre générosité.

— Vous m'accablez de confusion, mademoiselle : secourir l'opprimé est un plaisir encore plus qu'un devoir, une impulsion du cœur, et non pas un effort de l'esprit, dites-vous, quand je voulus vous remercier d'avoir justifié mon caractère si indignement calomnié par l'envieux Bernardin. J'étois sur le point d'être renvoyé ; vous plaidâtes en ma faveur, et m'offrîtes tout l'argent que vous possédiez, pour envoyer à ma mère qu'on m'enlevoit le pouvoir de secourir.

— Arrêtez, je vous en supplie, interrompit Imogène : dans ce moment Marguerite entra et l'avertit que tout étoit prêt pour son départ.

Imogène présenta sa main à Théodore, il la conduisit au bateau, pressa sur ses lèvres cette main qu'il tenoit, et incapable de prononcer seulement un adieu, il s'élança sur le rivage, d'où ses yeux mouillés de larmes, poursuivoient le bateau qui s'éloignoit rapidement. Imogène agita le bout de son voile dans les airs ; Théodore lui rendit ce salut, et l'instant d'après, le cours tortueux de la rivière la déroba à ses regards. Triste et découragé, il se jeta dans sa petite barque, et atteignit le château de Montmorell, avant que ses habitans éveillés, eussent repris le cours monotone de leurs occupations.

CHAPITRE XI.

TANDIS qu'Imogène poursuivoit son voyage en côtoyant les délicieux rivages de l'Aisne, le cours de ses pensées n'étoit pas moins rapide que celui des ondes sur lesquelles la barque glissoit. Ses larmes séchèrent bientôt, et les sombres doutes qui agitoient son esprit, s'évanouirent comme les vapeurs du matin devant l'éclat croissant du soleil. Toutes les beautés de la nature se développoient successivement à sa vue; de nombreux troupeaux couvroient les prairies; les tours élevées des châteaux se dessinoient sur un ciel sans nuage; l'écho des montagnes répétoit les sons lointains du cor, et les appels guerriers de la trompette. Tandis qu'Imogène jouissoit avec délices de ce spectacle animé, dont les scènes varioient à chaque instant, sa compagne paroissoit entièrement absorbée par le calcul silencieux des bénéfices qu'elle alloit faire, et ses deux jeunes garçons chantoient alternativement une hymne à la Vierge, ou une antique ballade; quelquefois ils élevoient leurs rames pour indiquer des partis militaires, qui, attirés par la vue des vergers remplis d'excellens fruits, s'écartoient des avant-postes placés sur le sommet d'une montagne éloignée.

Les conducteurs d'Imogène abordèrent lorsque le soleil fut à sa plus grande hauteur; ils étalèrent leur frugal repas sous l'abri d'un roc, dont la cime recourbée étoit ombragée de pins et de sureaux. Le soleil se jouoit à travers leurs branches entrelacées, sans incommoder les voyageurs. Dans les heures des jouissances sociales, l'esprit se repose du souci des affaires, et la vieille femme, ayant cessé de calculer, commença à babiller avec gaîté : les deux jeunes gens, sensibles aux charmes d'une figure qu'un grand chapeau déposé alors sur le gazon, ne cachoit plus à leurs yeux, composèrent un bouquet de fleurs sauvages que le lieu fournissoit, et l'offrirent comme un tribut d'hommage à leur belle compagne. Imogène, toujours disposée à répondre à la moindre apparence de bonté affectueuse, entra avec intérêt dans le détail des affaires domestiques de Marguerite et de ses fils, et essayant leur dialecte avec l'heureux talent d'imitation qu'elle possédoit, elle parvint, en continuant son voyage, à répéter quelques ballades de la province, et à les accompagner sur son luth. La douce magie de ces manières affables, agit insensiblement sur le cœur des bons et simples paysans. La soirée s'avançoit sans qu'ils s'en aperçussent, et les derniers rayons du soleil couchant doroient la cime des arbres de la forêt de Follembrai, lorsque les clochers de Soissons s'offrirent à leur vue. Ils s'arrêtèrent à une demi-lieue de la ville, devant une petite auberge, où ils comptoient passer la nuit. Imogène entra en délibération avec ses nouveaux amis, pour savoir si elle partiroit à cheval le soir même pour le château de Rosemont avec Georges Robichon, le plus jeune des fils de Marguerite, ou si, attendant jusqu'au matin suivant, elle loueroit un guide à l'auberge, car Georges étoit obligé de se rendre au marché avec sa mère le lendemain au point du jour. L'extrême impatience d'arriver au terme de son voyage, et le désagrément de se confier a un guide étranger, et de passer la nuit dans cette auberge remplie de gens grossiers, déterminèrent Imogène à suivre le premier plan, qui, d'ailleurs, lui avoit été si fortement conseillé par Théodore; et quoique l'hôte l'assurât que la route, jusqu'au château de Rosemont, étoit sûre et fréquentée, elle jugea prudent d'adopter le déguisement dont elle s'étoit pourvue, et qui lui sembloit plus convenable pour son expédition, que le costume singulier d'une novice de Saint-Dominique.

Elle expliqua ses intentions à sa protectrice, qui les approuva complètement; et tandis que Georges préparoit le cheval, elle échangeoit ses vêtemens pour ceux du ménestrel, en rougissant d'une métamorphose dont la modestie s'alarmoit, mais que la nécessité imposoit.

Aussitôt qu'elle fut habillée, elle présenta deux pièces d'or à Marguerite, conduite en cela par la générosité plus que par la prudence; car à travers les remercîmens dont la veuve l'accabloit, on voyoit percer la surprise et la curiosité; pour la première fois elle devint importune par des questions multipliées, et des allusions qu'Imogène feignoit de ne pas entendre. Georges amena le cheval devant la porte; Imogène attacha son luth sur ses épaules, monta derrière Georges, après avoir dit adieu à Marguerite et à son fils aîné, et entra dans un sentier à l'ouest de Soissons.

Quoique le soleil fût déjà couché, depuis quelques minutes, des flots de lumière pourprée s'étendoient encore sur l'horizon et réfléchissoient sur tous les objets le coloris chaud et animé des paysages de Claude Lorrain. Mais lorsque l'obscurité du crépuscule vint graduellement voiler ces effets pittoresques et variés, qui intéressoient l'imagination d'Imogène, elle reporta ses pensées entièrement sur elle-même, et s'inquiéta de la réception que lui feroit madame de Rosemont. Mille craintes s'insinuèrent dans un cœur qui désiroit trop de plaire pour ne pas douter du succès. Combien la bonne madame de Rosemont sera touchée, se disoit Imogène, lorsqu'elle recevra en même temps une lettre de son amie et la nouvelle de sa mort! Hélas! il est aussi pénible d'éveiller dans un autre le sentiment de la douleur, que de l'éprouver soi-même, et c'est entrer dans une famille sous de tristes auspices que d'avoir à lui adresser ce récit mélancolique.

— J'espère, mademoiselle, dit Georges en excitant son cheval, que vous n'êtes pas effrayée?

— Effrayée! Georges, et de quoi demanda Imogène, qui remarqua alors pour la première fois l'aspect solitaire de la bruyère qu'ils traversoient?

— De quoi? je ne sais, mademoiselle, mais on aimeroit autant ne pas voyager à cette heure, si cela étoit possible; aussi j'aurois défié le diable lui-même de me faire avancer de la longueur de mon corps derrière nos montagnes, quand une fois le soleil étoit couché. Cependant le père Francisque m'avoit donné un petit reliquaire pour me préserver des mauvais esprits. Tenez, regardez-le, mademoiselle, je vous garantis son pouvoir merveilleux.

— Je ne crains pas les mauvais esprits, dit Imogène en jetant un regard timide autour d'elle, et le ciel nous protégera contre les ennemis vivans.

— Eh bien, mademoiselle, j'aimerois mieux, je vous le jure, rencontrer une troupe d'arquebusiers avec leurs longues rapières, qu'un seul esprit. Saint Michel! qui est là près des ruines de cette vieille tour?

— Mais, dit Imogène, revenue d'un moment d'effroi passager, je ne vois rien qu'un arbre mort. Bannis tes craintes, et je te raconterai, pour t'amuser, les aventures merveilleuses de la Dame Verte et du Nain de la montagne.

— Bien, mademoiselle : cela me réjouit le cœur d'entendre les belles histoires, et celles où il y a des nains sont toujours remplies d'inventions plaisantes.

— Dis-moi d'abord à combien nous sommes du château de Rosemont?

— Nous n'avons plus qu'une lieue à faire pour arriver à une tour qui dépendoit autrefois de la seigneurie de Rosemont. Je connois chaque pas de la route aussi-bien que mon chapelet. Avant que les troubles éclatassent en Picardie, nous portions nos marchandises dans le voisinage du château; mais, je vous en prie, mademoiselle, commencez la belle histoire.

Nous y voilà : c'étoit pendant le règne de Louis XII.....

— N'étoit-ce pas un Saint, mademoiselle, dit Georges, en faisant dévotement un signe de croix ?

— Non, si nous consultons le calendrier, répondit Imogène avec un sourire, mais il fut le père de son peuple. Pendant son règne donc, il existoit un ancien château au pied du Mont-Cenis.

— Ma grand-mère raconte une histoire qui commence ainsi, interrompit Georges : seulement au lieu du Mont-Cenis, ce sont les montagnes des Vosges ; mais pardon, continuez, mademoiselle.

— Dans ce château habitoit une dame qui... mais n'entendez-vous pas le bruit lointain du pas des chevaux ?

— Il me semble que oui, dit Georges, cependant je ne vois rien. Nous ne sommes pas loin de la forêt de Follembrai ; il y a une histoire effrayante d'un cheval blanc......

— Dieu de miséricorde! s'écria Imogène, la forêt est-elle un repaire de bandits ?

— Le Seigneur nous garde, madame ; le royaume entier peut leur servir d'abri :

prenez quel chemin vous voudrez, vous êtes sûr d'être assassiné, pillé...

Dans ce moment, et à la lueur des éclairs dont le vif éclat illuminoit l'atmosphère, Imogène aperçut une troupe d'hommes à cheval descendant de la montagne opposée. A peine eut-elle la force de s'écrier : fuyons, ou nous sommes perdus. Georges, également intimidé, se détourna de la grande route, et galopa avec rapidité jusqu'à une allée que l'épaisseur des arbres rendoit presque impénétrable. Ils avoient fait plus d'une demi-lieue, lorsque Georges arrêta son cheval pour écouter un moment, et n'entendant plus que le murmure mélancolique des feuilles agitées par le vent, qui commençoit à s'élever, il s'écria encore tout tremblant : je crois, mademoiselle, que nous sommes maintenant assez éloignés d'eux, nous ne devons pas tarder d'arriver au château.

— Mais vous oubliez, Georges, dit Imogène un peu moins troublée, que nous avons pris une route directement opposée à celle qui mène à Rosemont.

Ah! mon Dieu! je ne pensois pas à cela; mais les paysans ont tracé tant de sentiers tortueux dans cette forêt, que celui-ci pourroit nous conduire au château; et je suis bien trompé si nous ne voyons pas déjà les tours sur la gauche. — Nous sommes certainement près d'un château, dit Imogène, dont le cœur tressaillit de joie à cette assurance; mais est-ce le château de Rosemont?

— Sans aucun doute répondit Georges, et en moins d'un quart d'heure ils furent devant le portail d'un vaste et sombre édifice flanqué de tous côtés par des tours élevées.

— Vous êtes certain que c'est là le château de Rosemont, demanda encore Imogène, qui frissonnoit à l'aspect de cette demeure?

— Parfaitement certain, répliqua Georges, descendant de cheval, et si fatigué de son voyage, que ses désirs le portoient à croire qu'il en avoit atteint le terme.

— Je crains que la famille ne soit retirée pour reposer, dit Imogène.

— Nous les éveillerons bientôt, reprit Georges, en tirant un pied de biche, suspendu par une chaîne, près de la porte, et sonnant avec tant de force que le château entier sembla ébranlé. Peu de minutes après une lumière parut à une fenêtre élevée d'une des tours, et un homme avançant doucement une lanterne, demanda qui sonnoit ainsi à la porte?

— Un ami, qui demande à être admis dans le château, répondit Georges.

— Cela est plus facilement demandé qu'obtenu, répliqua l'homme.

— Apprenez-moi, je vous prie, mon ami, dit Imogène, si nous sommes au château de Rosemont?

— Ah, ah! voilà deux amis au lieu d'un, dit l'homme baissant sa lanterne; mais que t'en reviendra-t-il, jeune sire, quand tu sauras où tu es? on ne reçoit pas de vagabonds à une telle heure, et tu ferois mieux de ne pas t'amuser à bavarder ici : bonne nuit.

— Nous ne sommes pas des vagabonds, reprit vivement Imogène, ce jeune homme est mon guide, il me quittera lorsque je serai en sûreté dans les murs du château de Rosemont.

— Alors il ne te quittera de long-temps. Mais quelle est ton affaire?

— Je dois remettre une lettre et un paquet important à madame de Rosemont.

— Oh, oh! un paquet important! Eh bien, attendez un moment et je serai à vous.

La fenêtre se referma et la lumière disparut. Il se passa près d'un quart d'heure avant que l'homme reparût à la même fenêtre. Madame de Rosemont, dit-il, est déjà couchée; mais gagnez la poterne, à gauche de cette tour, on vous ouvrira.

— Dieu soit loué, s'écria Imogène, c'est le château de Rosemont!

— Je ne pouvois pas me tromper, dit Robichon, menant le cheval par la bride. Imogène descendit, et la porte fut ouverte par un homme, qu'elle reconnut à la voix pour celui à qui elle avoit déjà parlé.

Georges remit le petit paquet aux soins de l'homme qui étoit enveloppé dans un grand manteau noir, et tenoit sa lanterne à la main. Il jeta un regard pénétrant sur les deux étrangers, et dit arrogamment à Georges : je n'ai pas reçu l'ordre de vous admettre.

— Et quand tu l'aurois, dit Georges, je ne pourrois pas m'arrêter ici; épargne donc tes excuses, maître rustaut.

Imogène tira sa bourse, et mit une pièce d'or dans la main de Georges, en le remerciant de l'avoir accompagnée. Georges, reconnoissant, voulut parler; mais l'homme au manteau noir le poussa dehors, et ferma la porte aux verroux, en disant : ce garçon est aussi babillard qu'une vieille femme. Il traversa, suivi par Imogène, une cour spacieuse entourée d'un parapet en pierre, et entra par une large porte à deux battans qu'il barra derrière lui, comme la première. Imogène se trouva alors dans une grande salle gothique, à l'extrémité de laquelle un feu expirant jetoit une foible lueur : Son conducteur rapprocha les tisons, et avança un siége. Pendant ce temps elle observoit timidement, et à la dérobée, sa physionomie, dont la férocité naturelle étoit seulement adoucie par une expression de fourberie et de duplicité Le feu en se ranimant réfléchissoit une teinte rouge sur son teint olivâtre, et ses yeux perçans sembloient menacer le jeune étranger. Imogène détourna les siens : pénétrée d'horreur par ses remarques silencieuses, elle porta ses regards craintifs autour d'elle; mais une effrayante obscurité l'environnoit, et elle retomba presque sans vie sur son siége.

— Votre affaire avec madame de Rosemont est-elle donc si pressante, que vous soyez obligée de la voir aujourd'hui, lui demanda son compagnon, en l'examinant insolemment sous son chapeau?

—Je le souhaiterois vivement, dit Imogène, dont le courage se ranima au nom de madame de Rosemont. Cependant je serois fâchée de la troubler dans son sommeil.

— Oh! pour cela, elle est au lit depuis trois heures; mais donnez-moi votre paquet, je le lui remettrai.

— Pardonnez-moi, répliqua Imogène; mais on m'a recommandé de le donner moi-même à madame de Rosemont. — Alors je vais informer madame de votre arrivée: il prit sa lanterne, et sortit. Imogène, qui le suivoit des yeux, le vit monter un escalier, et entendit deux portes éloignées se fermer l'une après l'autre. Mille craintes vagues s'emparèrent de son imagination, trop susceptible de s'exagérer le mal comme le bien. Cependant, lorsqu'après quelques minutes, l'homme revint l'informer que madame de Rosemont étoit prête à la recevoir, ses craintes se dissipèrent, et elle e leva pour le suivre avec toute l'ardeur l'une vive espérance. Ils montèrent un escalier, traversèrent un corridor et plusieurs hambres sombres et humides, qui mônroient toutes des traces de décadence et l'abandon. L'enfilade se terminoit par une porte, devant laquelle son guide s'arrêta; et regardant autour de lui avec un sourire d'une expression indéfinissable : venez, jeune sire, dit-il, et préparez vos lettres de créance; en même temps il ouvrit la porte, et la pria d'entrer. Imogène avoit à peine mis le pied sur le seuil, qu'observant l'obscurité profonde de la chambre, elle recula; mais son guide la poussant en avant, ferma sur elle les verroux extérieurs.

Imogène, dans l'angoisse de la terreur, cria, et essaya de forcer les verroux; mais bientôt, épuisée par ses efforts infructueux, elle retomba sur la terre, et entendit le bruit des pas de son conducteur se perdre dans l'éloignement. Ce fut alors que son esprit fut tout à coup frappé par l'affreuse pensée qu'elle n'étoit pas dans le château de Rosemont, et que Georges, trompé par l'obscurité de la nuit et l'impatience d'arriver, l'avoit sans doute remise au pouvoir d'une troupe d'assassins à qui ces ruines offroient un asile. Aussitôt que ses yeux furent familiarisés avec l'obscurité, elle découvrit que sa prison étoit élevée et spacieuse, comme les autres pièces qu'elle avoit traversées; et quoique la lune ne fût pas encore levée, la foible clarté d'un ciel sans nuage pénétroit par une fenêtre gothique, et se réfléchissoit sur une rangée de colonnes en marbre noir qui décoroient un des côtés de l'appartement. Imogène, quoique sans espoir d'échapper, se leva, et examina les murs, aussi bien que ses jambes tremblantes le lui permirent. Sa main tomba par hasard sur une serrure qui tourna facilement: une porte s'ouvrit, et elle se trouva dans une espèce d'arsenal, rempli d'armes et d'équipages de guerre, que la lune commençoit à éclairer; mais un vif rayon de lumière, qui brilloit à quelque distance, attira seul son attention. Enhardie par le désespoir, elle avança, et découvrit que cette lumière venoit de la pièce de dessous, et pénétroit par une fente dans le plancher. Elle se baissa, et vit clairement le brigand qui l'avoit introduite dans le château, assoupi près d'un grand feu. Une paire de pistolets et une cruche étoient posés près de lui sur une table. Dans ce moment, le son du cor se faisant entendre, il tressaillit, prit une lumière, et courut dehors précipitamment. Bientôt il reparut avec une troupe d'hommes, armés de coutelas et de pistolets. Au milieu du bruit confus de leurs voix, Imogène parvint à entendre assez bien leur conversation, pour comprendre que c'étoit à cette troupe qu'elle avoit cru échapper, et que l'expédition avoit été infructueuse.

Quoi! point de butin, dit son féroce introducteur! J'en ai plus fait assis près de ma cruche, que vous tous sur le grand chemin du roi, ou je perds le nom de Bertrand. Ici ils parlèrent tous à la fois; et Imogène entendit seulement Bertrand répliquer : oui, j'ai attrapé l'oiseau à la porte de la cage.

— Vaut-il un coup de poignard, demanda le plus affreux scélérat de la troupe?

— Non, non, dit Bertrand; c'est un jeune homme si beau, si délicat, qu'il faut le traiter plus doucement. Invitons-le à souper, et empoisonnons-le. Il porte le costume de ménestrel, et se prétend chargé de remettre à madame de Rosemont un paquet d'importance, que je lui aurois arraché de force, si j'avois su lire : il a aussi une bourse d'or; — que tu lui aurois prise, si tu avois osé lutter seul contre ce jeune garçon, dit le premier brigand, en saisissant un pistolet et une lumière. Moi, je ne suis pas si prudent : où est l'étranger? S'il s'échappoit du château, nous serions perdus; et les morts seuls ne racontent point d'histoire.

— Allons, allons, s'écria la troupe entière avec d'effrayantes vociférations; et guidés par Bertrand, ils s'élancèrent tous dehors. En proie à toutes les horreurs de l'agonie, Imogène restoit immobile à sa place, sans recevoir le soulagement d'une insensibilité totale. Le murmure des voix résonnoit toujours à son oreille. Peu à peu l'écho devint plus fort; elle entendit tourner la serrure de la première pièce: le tumulte des voix s'approchoit; mais la nature ne put soutenir ce degré de souffrance et de terreur. Imogène tomba sans mouvement sur le plancher.

Elle revint de cet état de mort avec le

sentiment des angoisses qui l'avoient causé. Foible et tremblante, elle leva les yeux, croyant rencontrer ceux de ses meurtriers; et à peine ajouta-t-elle foi au témoignage de ses sens, quand elle se trouva seule. Un murmure confus se faisoit entendre dans l'éloignement, comme le bruit d'un torrent. Tout à coup une vive lumière pénétra par les fenêtres, et éclaira tout l'appartement. Imogène, parvenant à rassembler ses pensées, se leva et s'approcha de la fenêtre. La cour au-dessous étoit remplie de gens armés; quelques-uns portoient des torches, tandis que d'autres combattoient les brigands du château, les chargeoient de chaînes, et les arrachoient de leurs retraites pour les attacher sur des chevaux. Les cris des blessés se distinguoient à travers le bruit de la mêlée, et ajoutoient à l'horreur de cette scène, qui frappoit de surprise et d'effroi la tremblante spectatrice. Cependant l'espoir de s'échapper s'insinua dans son ame : elle se flatta que le terrible débat qui continuoit avec fureur devant la façade du château pourroit favoriser sa fuite par le côté opposé; et se rappelant alors que les fenêtres de l'appartement où elle avoit d'abord été enfermée ne donnoient pas sur la cour, elle y retourna, et trouva, avec une satisfaction inexprimable, que la porte étoit ouverte.

Elle sortit à la hâte, sans s'embarrasser de son luth qu'elle avoit laissé sur le plancher, quand un arquebusier, d'une taille gigantesque, tenant une épée d'une main et une torche de l'autre, parut à la porte. Imogène jeta un cri, et chancela. L'étranger, abandonnant son épée, la saisit par l'épaule; Imogène tomba à ses pieds, et ses lèvres tremblantes purent à peine prononcer : Miséricorde !

— Miséricorde, répéta le soldat! oui, autant que vos compagnons en trouveront, autant qu'ils en ont montré eux-mêmes à plusieurs de nos officiers. — Hélas! dit Imogène, je suis leur prisonnier, et non pas leur compagnon; je n'ai passé que trois heures dans ce château, et je dois certainement la vie à l'arrivée des étrangers qui combattent dans la cour contre les brigands. Le soldat la regarda quelque temps; puis apercevant le luth à peu de distance : quoi! s'écria-t-il, vous êtes donc un de ces rusés musiciens qui pénètrent dans nos camps pour exciter les hommes à la désertion !... Ce seroit une bien bonne action..... Il s'arrêta, et l'examina d'un air féroce. Imogène, épuisée par tout ce qu'elle avoit souffert, eut seulement la force de dire : sauvez-moi, et tout ce que je possède est à vous.

— Tout ce que vous possédez, dit le soldat avec un bruyant éclat de rire : vous me donnerez cet instrument-là, j'imagine? c'est très-généreux. Quel démon a poussé ces coquins à tirer ainsi leur poudre sur un oiseau sans plumes! tu n'es pas digne d'être volé.

Imogène tira sa bourse de sa poche, et, après en avoir ôté la bague de diamans que la sœur Stéphanie lui avoit donnée, elle l'offrit au soldat, qui regarda avec étonnement la bourse et la bague. — Quoi! dit-il, seulement cela pour vous sauver la vie! Vous êtes bien avare; et qu'aurai-je encore si je vous rends la liberté?

— Je ne possède rien de plus, dit Imogène avec abattement.

— Alors puisque vous comptez cette bague pour rien, vous pouvez bien aussi me la donner?

— C'est impossible, répondit Imogène ; je l'ai reçue d'une amie mourante.

— Oui, mourante! Vous avez eu soin d'elle, je le garantis; mais je n'ai pas de temps à perdre. Mes camarades vont venir ici : cette bague et cette bourse déposeront contre vous, malgré votre déguisement et votre belle histoire, et vous aurez le plaisir d'accompagner demain vos associés sur la roue.

Imogène épouvantée donna sa bague; et l'homme, qui craignoit que son riche butin ne fût découvert et réclamé par ses camarades, lui fit prendre son luth, descendit précipitamment l'escalier, et ouvrant ensuite une petite porte, il la poussa dehors.

Deux sentimens dominans remplirent alors le cœur d'Imogène : la joie d'une délivrance si inattendue, et la reconnoissance envers la Providence qui l'avoit soutenue et protégée. Le monde étoit maintenant ouvert devant elle; mais de quel côté tournera-t-elle ses pas? L'obscurité qui couvre la terre entre la fin de la nuit et le commencement du jour l'empêchoit d'user du pouvoir de choisir. Guidée par ses oreilles plutôt que par ses yeux, elle prit une direction opposée à celle où le bruit du combat se faisoit encore entendre, fuyant ainsi un danger positif sans savoir où trouver un sûr abri. Tandis qu'elle avançoit aussi rapidement que la fatigue et l'émotion le lui permettoient, le murmure confus d'un débat tumultueux s'affoiblissoit par degrés, et bientôt un silence aussi profond que les ténèbres régna autour d'elle. Le cœur reçoit si avidement toutes les impressions sociales, qu'Imogène seule, abandonnée, discernant à peine le sentier qu'elle suivoit, regrettoit presque les sons effrayans qui rompoient ce silence de mort; car lorsqu'elle fut sortie du bois dont le château étoit environné, aucun arbre, aucun buisson ne varioit la triste uniformité de la bruyère qu'elle traversoit, et qu'elle ne franchit qu'après s'être traînée pendant près d'une lieue.

Alors incapable de continuer sa route plus long-temps, elle s'assit sous le premier arbre qui se présenta, décidée à attendre que le jour lui permît de découvrir quelque maison dont les habitans pourroient la conduire au château de Rosemont.

La nuit sembla enfin retirer doucement son voile, et le paysage, encore indistinct, découvroit peu à peu ses masses les plus prononcées. L'orient, coloré d'une teinte douteuse, prenoit par degré un éclat plus vif et plus déterminé; les dernières ombres s'évanouissoient à l'ouest, et le matin, sortant de son repos, répandoit un reflet vermeil sur toute la nature. La jeune voyageuse éleva vers le ciel les tendres effusions de son ame ranimée; semblable à cette violette sauvage qui fleurissoit à ses pieds, parfumant l'air et relevant sa tête baignée de rosée à l'influence bienfaisante du soleil. Imogène cueillit la fleur solitaire, et jetant le ruban de son luth sur ses épaules, elle monta une colline qui dominoit une grande étendue de pays. La brise chassant les nuages de la vallée, découvrit une scène d'une beauté et d'une richesse au-delà de toute description. D'un côté s'élevoient les tours du château qu'elle avoit quitté si récemment, tandis que de l'autre, la grande route tournoit autour de la base d'une haute montagne, dont le sommet étoit encore enveloppé par les vapeurs pourprées du matin.

Imogène se décida à prendre la route qui lui parut plus sûre et plus directe, et s'étant rafraîchie à un clair ruisseau qui couloit près du chemin, elle marcha jusqu'à ce qu'elle aperçut, à travers les arbres, une légère colonne de fumée. Elle hâta le pas, et arriva bientôt devant une chaumière à demi consumée, dont les ruines fumoient encore. Le gazon brûlé, les pâturages détruits portoient des traces évidentes de pillage et de désolation. Imogène contemploit avec une pitié silencieuse la scène qui s'offroit devant elle, quand une figure humaine, hâve et desséchée, sortit des ruines. Elle portoit des habits de femme, et plioit sous le poids d'un fagot de bois sec. Sans paroître étonnée de l'aspect de la belle étrangère, qui la regardoit avec horreur et compassion, elle dit en montrant les ruines : c'est une triste vue.

— Bien triste, en vérité, dit Imogène.

— Voilà le bénéfice que nous tirons de la guerre civile.

— Le feu n'a donc pas pris par accident, demanda Imogène ?

— Non, non, répondit la femme avec

égarement. J'avois deux fils, beaux et laborieux; ils s'aimoient, ils étoient heureux : l'un voulut combattre pour le roi, l'autre pour la ligue; leur amour fraternel se changea en haine : et voyez, étranger, cette terre desséchée est arrosée du sang de mon plus jeune fils, tué par son frère, parce qu'il refusoit de changer de parti (une expression de douleur frénétique se répandit sur la figure farouche de la femme); et ensuite les soldats, camarades de mon fils, égorgèrent le meurtrier dans mes bras, et brûlèrent son corps avec cette chaumière : mais chut, soyez discret, je vous montrerai le lieu où j'ai recueilli ses précieuses cendres; j'ai su les distinguer, fiez-vous au cœur d'une mère! Venez, venez, dit-elle, d'un ton rauque et concentré, en offrant sa main avec impatience à Imogène; ensuite, avec le gémissement sauvage et pénétrant de la folie, elle s'écria : regardez, voilà mon fils! et elle s'enfonça au milieu des ruines, poursuivant ce fantôme créé par son imagination désordonnée.

Imogène s'aperçut alors qu'elle avoit parlé à une insensée. Douloureusement touchée des souffrances de la malheureuse mère, elle quitta ce lieu où l'instinct du cœur conduisoit la pauvre égarée sur les traces de ses fils assassinés, et poursuivit son chemin, absorbée dans ses réflexions sur cette triste aventure.

En lisant, pensoit-elle, les récits des calamités que, dans chaque siècle, la guerre étrangère ou domestique amène sur l'espèce humaine, les yeux découvrent seulement des faits publics et généraux, car l'historien n'est que le peintre des siéges et des batailles, des victoires et des défaites; mais le détail des malheurs individuels reste dans un éternel oubli avec celui des cruautés qui les causèrent.

Chaque pas présentoit à Imogène quelque vestige de ravage et de désordre récent, et la route sembloit abandonnée, quoiqu'on aperçût briller des armes sur le sommet d'une montagne éloignée. Un autre chemin se présenta, et tandis que la timide voyageuse s'arrêtoit, incertaine dans son choix, un paysan, presque courbé sous le fardeau qu'il portoit sur ses épaules, l'atteignit; il lui souhaita le bon jour d'un air riant : le cœur d'Imogène tressaillit à ces accens bienveillans, et elle rendit le salut avec courtoisie. — Voilà une charmante matinée, dit le paysan, le soleil est si brillant, l'air est si doux, qu'il faut avoir le cœur furieusement lugubre pour ne pas rire. Quant à moi, lorsqu'il fait beau temps, je ne saurois m'empêcher d'être heureux, et pourtant je n'ai pas grand sujet de me réjouir. La semaine dernière, notre petite chaumière a été pillée par un parti de soldats, et brûlée par un autre; mais, le même jour, notre grand roi gagna une bataille, et ma femme et moi, nous fîmes un feu de joie sur les ruines de la maison. Le lendemain, nous descendîmes un peu plus bas dans le pays; je bâtis une hutte sur le bord du plus clair ruisseau qu'il y ait dans le monde, et le peu que nous avons sauvé de notre ferme nous a suffi pour vivre jusqu'à présent; mais vous, monsieur, sans doute vous allez essayer vos talens au camp qui est devant Laon, à quelques lieues d'ici.

Imogène s'amusoit de la naïveté et de la gaie philosophie de son compagnon, mais elle sentit que le détail de ses affaires domestiques demandoit une confiance réciproque : elle raconta ses aventures de la nuit précédente, en cherchant à donner une couleur un peu mâle à son récit, pour soutenir le déguisement qu'elle avoit pris.

— Ainsi, dit le paysan, au lieu d'arriver au château de Rosemont, où vous espérez obtenir un emploi, vous êtes tombé dans le château noir, le plus insigne repaire de bandits de toute la province; ils avoient assassiné, il n'y a pas plus de deux jours, des officiers de l'armée royale dans la forêt de Follembrai. Un parti de soldats, qui avoit été mis en embuscade contre eux, les a surpris la nuit dernière comme ils revenoient d'une expédition; j'ai rencontré toute la [illegible] avant le jour.

— Les soldats ont donc été victorieux, dit Imogène?

— Ils ont pris tous les coquins sans en excepter un, répondit le paysan.

Imogène, qui n'osoit parler de l'argent dont on l'avoit dépouillée, dans la crainte d'exciter les soupçons de son compagnon, se décida à continuer sa marche vers le château de Rosemont, et elle s'informa au paysan de la route qu'elle devoit prendre.

Dieu vous garde, dit-il, vous suiviez,

le plus vîte que vous pouviez, celle qui vous en éloignoit; mais vous me paroissez fatigué, pauvre jeune homme, arrêtez-vous à notre hutte; après quelques heures de repos, vous serez plus en état de poursuivre votre voyage.

— Il est vrai, dit Imogène, que je suis encore bien jeune pour ma profession, et peu accoutumé à la fatigue; d'ailleurs, j'ai eu beaucoup à souffrir depuis hier: j'accepterai votre offre hospitalière avec reconnoissance.

— Voilà qui est bien, s'écria le paysan: regardez au-dessus du petit taillis à gauche, vous verrez la fumée de notre hutte; vous saurez que j'ai passé la nuit sur les bords de la forêt à couper du bois que je vends à la ville voisine: je cours bien à cela quelque danger, mais la nécessité n'a point de loi, et je ne puis rester les bras croisés, ni laisser mes enfans mourir de faim. Oui, les voici, ces chers petits; ils auront bien guetté mon arrivée depuis le jour, je vous le garantis.

Tandis qu'il parloit, deux beaux garçons et une petite fille couroient vers lui: il posa son fardeau pour les embrasser et les bénir avec un air de tendresse et de piété patriarchale ; ensuite les deux garçons traînèrent le fagot par le lien qui l'entouroit, et la petite fille regardoit timidement l'étranger en s'attachant au cou de son père, qui l'emporta au logis dans ses bras.

Ils rencontrèrent à la porte de la hutte une jeune femme, dont la figure expressive, quoique brûlée du soleil, s'anima des plus vifs sentimens de joie et d'affection, lorsqu'elle ôta l'enfant des bras de son mari, pour s'y jeter elle-même : cher Baptiste, dit-elle en essuyant ses larmes, je suis si heureuse de te revoir ; je n'ai pas fermé l'œil de la nuit, car, tu le sais, je ne peux dormir quand je te sais exposé au danger. La voisine Jacinthe est venue ici après ton départ, et m'a raconté une si affreuse histoire des voleurs du château noir.....

— La peste emporte la bavarde : n'ai-je pas tes prières et celles de ma douce petite fille ; c'est la sauve-garde du mari et du père. Mais vois donc, je t'ai amené un hôte.

Joséphine aperçut alors, pour la première fois, le jeune et timide étranger, qui, caché modestement derrière son protecteur, contemploit avec délices la première scène de bonheur domestique qui se fût offerte à ses yeux : c'étoit, pour Imogène, la fête du sentiment : les larmes qui mouilloient ses paupières, le sourire qui erroit sur ses lèvres, trahissoient un cœur formé pour sentir et pour posséder cette félicité dont la seule vue l'agitoit si délicieusement.

Joséphine fit une révérence en rougissant, et souhaita la bien-venue à son hôte. Les enfans touchoient avec une joyeuse surprise les cordes du luth, puis se retiroient timidement; puis encore attirés par le doux sourire de l'étranger, ils se suspendoient à son habit, ou jouoient dans ses bras : la mère, reconnoissante, réprimoit d'un regard leur familiarité, tandis qu'Imogène, innocente et gaie comme eux, les accabloit de caresses, et se livroit à un enjouement aussi enfantin.

Quand Joséphine eut préparé leur repas du milieu du jour, le petit groupe entoura une table posée sous l'ombre d'un sureau, et près du ruisseau vanté par Baptiste. Elle fut couverte de mets si simples et si grossiers, qu'ils avoient besoin d'être assaisonnés par le vif appétit des convives. Le maître du festin rustique le termina en disant grâces avec cette dévote énergie, résultat de sentimens pieux et reconnoissans, et non d'une froide habitude. Le jeune ménestrel accorda ensuite son luth, et paya l'hospitalité gracieuse de ses hôtes, par plusieurs ballades populaires, analogues au goût simple et à la gaîté naturelle de ses auditeurs; enfin, à leur ardente prière, il joua une vilanelle, danse rustique très en vogue dans ce temps parmi les paysans français; et Baptiste, incapable de résister à ces accords joyeux, prit un de ses garçons à chaque main, et exécuta un ballet impromptu avec une vivacité et une légéreté qui suppléoient à la grâce et à la méthode. Joséphine regardoit la danse en tournant son dévidoir, et chantoit par intervalle des couplets sur l'air que jouoit Imogène, dont le cœur battoit à l'unisson de la mesure produite par ses doigts agiles. Tout ce qui l'environnoit portoit l'empreinte de la pauvreté: cette nourriture frugale, cette hutte, bâtie de terre, abri insuffisant contre l'intempérie des saisons ; ces misérables vêtemens qui défendoient à peine des injures de l'air, tout annonçoit l'indigence, et cependant la joie brilloit sur chaque physionomie; le plaisir coloroit des joues que le malheur avoit récemment baignées de larmes; la gaîté animoit ce corps fatigué, qui ployoit peu de momens avant sous un pesant fardeau.

Tel est donc le pouvoir des douces affections du cœur, pensoit Imogène : le malheureux dépouillé par la rapine licencieuse de la guerre, chassé de son asile, et réduit à vivre parmi les troupeaux des champs et les oiseaux de l'air, peut encore braver les traits de l'adversité dans le sein de la félicité domestique.

Le couvent de Saint-Dominique se retraça dans ce moment à la mémoire d'Imogène ; elle frissonna et bénit son retour à la liberté, quoique chacun de ses pas pour l'atteindre eût été marqué par un danger. Les enfans, fatigués de leurs jeux, s'étoient jetés dans les bras de leur mère. Baptiste prit sa cognée et partit pour l'ouvrage, en conseillant à son jeune hôte d'attendre le déclin du soleil avant de recommencer son voyage. Joséphine, reconnoissante de l'amusement qu'il avoit donné à ses enfans, rassembla un lit de feuilles sèches, sur lequel Imogène se jeta avec une satisfaction qu'elle n'avoit jamais éprouvée, et n'ayant pris aucun repos les deux nuits précédentes, elle tomba bientôt dans un profond sommeil.

Le soleil avoit déjà passé la ligne méridionale, et l'ombre des montagnes s'étendoit dans la plaine, quand les enfans de Baptiste l'éveillèrent, en frappant sur son luth. Ses rêves avoient été doux, car son imagination active l'avoit conduite sur les bords de la Durance : le ménestrel, couronné de fleurs, chantoit l'amour sur sa lyre, tandis que ses regards brûlans se rencontroient avec ceux d'Imogène; et ses accens passionnés résonnoient encore dans son oreille, quand elle reconnut les sons de son luth. Une émotion délicieuse agitoit son cœur; mais tandis que la mémoire lui retraçoit ce bonheur imaginaire, une larme s'échappoit de ses yeux, lorsqu'elle pensoit que cette douce illusion ne seroit peut-être jamais réalisée. Elle rencontra, à la porte de la hutte, Joséphine et Baptiste, qui la sollicitèrent de passer encore cette nuit avec eux; mais ayant appris que le château de Rosemont n'étoit pas à plus de quatre heures de marche, elle espéra l'atteindre avant la nuit, et refusa leur offre avec reconnoissance, après leur avoir promis qu'ils entendroient parler d'elle, aussitôt qu'elle auroit obtenu quelque intérêt de la dame du château; car Imogène, dépouillée de son petit trésor par l'arquebusier, ne pouvoit leur offrir aucun autre retour pour leur bonté. Elle ne possédoit rien au monde que le portrait du chevalier renfermé dans une lettre de Stéphanie, et la petite croix d'agathe suspendue à son cou depuis le jour où elle avoit été reçue dans le couvent de Saint-Dominique.

Ayant embrassé les enfans et baisé la main de Joséphine avec l'air galant d'un jeune chevalier, elle poursuivit son voyage, accompagnée par Baptiste, pendant près d'une demi-lieue. Il lui montra la forêt de Follembrai, l'engagea à prendre le sentier qui la côtoyoit, et l'assura que d'une hauteur à la gauche de la route, elle verroit les tours du château de Rosemont, qui la guideroient sûrement; puis il lui secoua micalement la main, et la laissa continuer son voyage solitaire.

L'esprit d'Imogène avoit été aussi ranimé par son heureux rêve, que son corps étoit fortifié par le repos. Le soleil, encore élevé, répandoit ses teintes d'or sur le paysage, et la brise tempéroit la chaleur brûlante du jour. L'air et l'exercice excitent l'activité de la pensée, et souvent les fleurs que l'imagination jette sur un sentier semblént en dérober la longueur.

Imogène, appuyée sur un bâton blanc que Baptiste lui avoit donné, et son luth suspendu par un lien léger, marchoit dans cette ivresse de sentimens que la variété des objets et la contemplation des beautés de la nature contribuoient à faire naître; quelquefois elle opposoit dans ses réflexions, le tableau de la mère égarée, que les horreurs de la guerre civile et du fanatisme avoient arrachée à toutes les consolations humaines, à celui de la charmante famille de Baptiste, qui, souffrant par la même cause, avoit cependant sauvé du désastre son bonheur domestique. Hélas! pensoit Imogène, pourquoi l'homme s'applique-t-il si souvent et avec tant de succès, à corrompre les dons précieux de la Providence. A ces graves considérations succédèrent les douces rêveries d'un cœur épris. Enfin Imogène se rappela tout à coup l'objet de son voyage, et découvrit qu'absorbée par ses frivoles visions, elle s'étoit écartée du chemin battu, et avoit laissé sur la gauche la colline qu'elle devoit monter. Contrariée de sa distraction, et déjà un peu fatiguée, elle retourna sur ses pas, et après une demi-heure de marche, elle se trouva au pied de la colline, qu'elle gravit avec difficulté. La cime des arbres élevés de la forêt de Follembrai, agitée par la brise du soir, ressembloit aux vagues ondulantes de la mer, et les fenêtres du château de Rosemont étoient brillamment illuminées par les rayons du soleil qui descendoit derrière l'horison.

Imogène descendit et entra dans le sentier indiqué par Baptiste : son impatience augmentoit à chaque pas; l'éclat de la nature se voiloit graduellement, et l'ombre du crépuscule enveloppoit déjà le paysage: cette lueur silencieuse et solennelle, qui portoit ordinairement dans son ame une impression si douce et si passionnée, n'excitoit alors que la crainte, et sa marche étoit prompte comme la fuite.

L'attention d'une troupe d'hommes à cheval, qui prenoient le même sentier, fut sans doute excitée par cette rapidité extraordinaire. Ils lui commandèrent de s'arrêter avec de bruyantes imprécations; mais Imogène, troublée par la terreur, perdit toute présence d'esprit, et s'enfonça dans la forêt, au lieu de détourner les soupçons en venant s'offrir volontairement à leurs observations. Elle fut bientôt atteinte par deux de ces hommes, dont l'un, descendant de cheval, la saisit rudement par le bras, et s'écria : voilà vraiment un délicat jeune homme, et sans doute un habile musicien; mais vous paroissez fatigué, monsieur, je vais vous épargner la peine d'une autre course, et vous fournir un moyen de voyager, plus expéditif. Ensuite élevant dans ses bras la tremblante Imogène, à qui l'étonnement et la frayeur ôtèrent le pouvoir de parler, il la plaça derrière un arquebusier espagnol, son compagnon; et l'attachant par le milieu du corps à son terrible associé, qui jeta sur elle un regard menaçant, il monta à cheval, et rejoignit le reste de la troupe.

— Eh bien! Guy, s'écria l'un deux, qu'as-tu pris dans ta chasse?

— Oh! répondit Guy, un beau rossignol qui rodoit pour trouver le chemin de notre camp, et attirer nos hommes avec ses chants, comme ce musicien qui s'échappa à travers nos doigts au siége de Rouen: en un mot, c'est un espion, ou je ne suis pas un soldat.

— Alors, répliqua l'autre, s'il n'est pas plus espion que tu n'es soldat, je le déclare innocent.

— Pourquoi fais-tu toujours tomber tes plaisanteries sur moi?

— Mort de ma vie! s'il n'étoit pas plus difficile de te plaisanter que de te battre sérieusement, cela ne vaudroit pas la peine que je prens de me mocquer de toi, dit Armand.

— Allons, allons, Armand, s'écria un autre, laisse-là tes jeux d'esprit, et achève-nous l'histoire que tu nous racontois de ce parti de fourageurs, et du roi qui est allé dans le camp ennemi, déguisé en ménestrel: c'est une histoire intéressante.

— Peut-être, répondit Armand, ce beau

cavalier aimeroit-il mieux entendre l'aventure tragique du jeune homme qui fut pendu, comme espion, pendant notre campagne de Normandie?

— Écoutez, écoutez, s'écria Guy, j'entends le hennissement d'un cheval, et j'aperçois une lumière dans le lointain. Dieu nous garde! Je me rappelle une effrayante histoire d'un esprit armé de toutes pièces, et monté sur un cheval blanc, qui apparut à un de nos rois dans cette même forêt, et......

— Imagineroit-on, interrompit Armand, à quel point la peur peut renverser l'esprit d'un homme? Vraiment, monsieur Guy, tu es un habile homme, avec ton esprit et son armure; ne vois-tu pas que nous sommes près de la vedette du camp?

Ils atteignirent, en effet, cette vedette peu d'instans après; et continuant leur route jusqu'au premier piquet de garde: *qui vive*, cria la sentinelle: *vive la ligue*, répondit l'un des soldats du petit détachement; avance, et donne-moi le mot: *Louise de Guise*. Le soldat s'avança, murmura quelques paroles à voix basse, et la troupe entra dans le camp, dont le silence n'étoit interrompu que par le hennissement des chevaux, les fréquens *qui vive* des sentinelles, et les éclats de gaîté qui sortoient des tentes de quelques officiers encore livrés aux plaisirs de la table. Cette scène si nouvelle et si frappante auroit intéressé l'esprit d'Imogène dans d'autres circonstances; mais entièrement abattue par le sentiment des dangers de sa situation, et les fatigues qu'elle avoit éprouvées, toutes ses facultés étoient émoussées, et la terreur et l'étonnement furent ses seules sensations, lorsqu'elle comprit, par les discours de ses gardes, qu'elle étoit prisonnière dans le camp des rebelles.

Le détachement s'arrêta devant la tente des officiers de garde pour la nuit. — Qui amènes-tu ici? demanda la sentinelle placée devant la tente. — Un cygne, dit Bertrand, dont vous pourrez entendre les derniers chants demain chez le prévôt, si cela vous plaît. — Quel est le commandant de garde de cette nuit? — M. de Saint-Dorval. — Je suis bien aise de savoir cela, repri Bertrand à voix basse, nous avons fait un prisonnier d'importance, et je veux le remettre moi-même entre ses mains; mon dos se sent encore de la récompense que j'ai reçue pour avoir laissé sottement échapper ce jeune baron, qui avoit été pris de la même façon. Où est maintenant le comte?

— Dans la tente; il soupe avec quelques-uns de ses officiers.

Bertrand qui commandoit le détachement, descendit et entra dans la tente; il revint peu de minutes après, ordonna à deux soldats de délier le prisonnier, et précéda la tremblante Imogène, qui fut plutôt entraînée que conduite dans la tente. Un groupe d'officiers entouroit une table bien éclairée. Tous se retournèrent du côté de la prisonnière, qui, tremblante et désespérée, cherchoit à rassembler ses idées, et à composer une explication plausible, sans découvrir le mystère de son déguisement.

Où avez-vous pris ce musicien, sergent, demanda le plus jeune des officiers?

— Sur les bords de la forêt de Follembrai, mon capitaine, du côté où le roi lui-même, dit-on, s'est régalé hier avec quelques-uns de ses officiers (1). Le ménestrel pouvoit bien être de la partie, et comme il paroissoit disposé à prendre la route de notre camp, j'ai eu la bonté de lui éviter la peine d'aller à pied.

— Un peu plus de détails sur le fait, et moins de plaisanterie, dit le commandant.

— Monseigneur, répondit Bertrand, je n'ai rien de plus à raconter; nous n'avons mis la main sur le prisonnier que pour le débarrasser de cet instrument, et c'est à lui-même qu'il faut s'adresser pour obtenir plus d'éclaircissement.

Cette déclaration fut suivie d'une telle variété de questions adressées, les unes avec le ton rude et grossier de l'ivresse, les autres avec une inhumaine gaîté, qu'Imogène accablée et incapable d'articuler un seul mot, s'appuya sur l'épaule d'un de ses gardes, en tremblant avec une violence qui attira les regards compatissans du

---

(1) Henri IV, pendant le siége de Laon, alla dîner dans la forêt de Follembrai, où dans son enfance on lui avoit souvent offert des fruits, du lait et du fromage, et qu'il se faisoit un grand plaisir de revoir.

comte de Saint-Dorval : il se leva du haut de la table et s'avança vers le prisonnier, après avoir adressé une douce réprimande aux jeunes officiers sur leur curiosité déplacée.

Qui es-tu, jeune étranger, dit-il, et quelles sont tes intentions? le silence que tu gardes obstinément ne peut te servir à rien. Les lois de la guerre sont sacrées, et sans doute tu n'ignores pas la peine imposée à celui qui les viole; notre camp a déjà souffert par les artifices des espions de l'ennemi, et quoique ce corps tremblant et délicat ne semble pas destiné à courir les aventures périlleuses, il est évident que ton déguisement ne cache pas un personnage insignifiant.

— Il ne te soustraira pas à nos observations, dit un jeune enseigne, en jetant à terre le chapeau qui couvroit la figure d'Imogène; et les longues tresses de ses cheveux détachées par la violence du coup, tombèrent en désordre sur son beau cou, dont la blancheur ne demeura pas plus long-temps cachée, car un autre plus hardi encore que le premier déchira brutalement le collet de sa robe en essayant de la trainer vers la lumière. La pudeur délicate surmontant alors la foiblesse craintive d'une femme, Imogène jeta autour d'elle un regard suppliant qui sembloit demander pitié et protection. Les yeux du comte de Saint-Dorval seuls y répondirent, et la prisonnière tremblante s'échappant par un effort soudain des mains de ses gardes, tomba aux pieds d'un homme dont la physionomie vénérable inspiroit le respect et la confiance : sauvez-moi, s'écria-t-elle, et les paroles qu'elle vouloit ajouter expirant sur ses lèvres, ses larmes furent l'interprète de ses pensées. Tous les spectateurs restèrent immobiles d'étonnement et d'admiration; et tandis qu'Imogène, les mains jointes sur son cœur palpitant, restoit ainsi prosternée sans voix et sans mouvement devant le protecteur qu'elle s'étoit choisi, le comte, penché vers elle, sembloit enchaîné par une émotion d'une autre nature qu'un mouvement de surprise passager : ses bras étendus pour relever la suppliante s'étoient roidis et contractés; l'expression d'une douce compassion avoit été remplacée dans ses yeux par celle d'une ardente et inquiète curiosité, et des exclamations inintelligibles s'échappoient de ses lèvres, qui vouloient prononcer des paroles de bienveillance et d'encouragement Cependant, parvenant enfin à surmonter la vivacité de ses sensations, il releva Imogène avec bonté, la plaça sur une chaise, et porta d'une main tremblante un verre d'eau à ses lèvres. Plus ranimée encore par ses soins affectueux, que par le breuvage rafraîchissant qu'il lui présentoit, Imogène le regarda avec reconnoissance, et le comte répondant à l'éloquente expression de ce regard, lui dit : calmez-vous, rassurez-vous, madame; quel que puisse avoir été votre motif pour prendre un tel déguisement et vous exposer à des hasards périlleux dans un temps déjà si dangereux, vous n'avez rien à craindre des barbares qui usent du pouvoir passager d'insulter l'infortune : le comte de Saint-Dorval s'engage à mériter la confiance dont vous l'avez honoré.

— C'est bien parler, comte, s'écria l'un des officiers qui ne se sentoit pas atteint par ce reproche indirect.

— Il faut avouer, commandant, ajouta

un autre, que vous êtes un heureux mortel; j'aimerois mieux votre emploi que le titre de généralissime de l'armée entière.

— Messieurs, dit le comte avec fermeté, ce sont là des insinuations frivoles; je suis responsable envers Dieu, ma conscience et le général, de la sûreté de ce prisonnier dans le sens le plus illimité de ce mot. Le droit que nous avons sur sa liberté, sera discuté dans un autre moment; mais tant que sa détention dure, le devoir de braves chevaliers, est de lui accorder secours et protection. Souffrez, madame, que je vous conduise à ma tente où vous pourrez au moins reposer en sûreté. Le comte, avec un air de bonté paternelle, prit le bras de la craintive Imogène : les officiers, honteux, se rangèrent pour lui faire place, et il la conduisit à sa tente, qui étoit à peu de distance; c'étoit un pavillon élégant et spacieux, divisé en trois pièces : dans la première, l'écuyer du comte faisoit une partie d'échecs avec un page, et le comte, suivi par ses gens qui portoient des lumières, mena Imogène dans la dernière. Cet appartement, dit le comte en souriant, est votre prison pour cette nuit, et je serai à la fois votre gardien et votre serviteur dévoué : comptez aussi sur l'activité de mes démarches en votre faveur ; nous ne déclarons point la guerre à des ennemis tels que vous, et vous trouverez même, au milieu de ce camp, la protection que demandent votre sexe et votre jeunesse. Le comte, sans attendre les remercîmens de sa prisonnière, lui recommanda de prendre du repos, et se retira.

A peine eut-il quitté l'appartement, qu'un page apporta les rafraîchissemens que réclamoit la nature épuisée. Imogène, après avoir pris un peu de pain et de vin, s'éloigna, et avec les douces larmes que fait couler une délivrance inattendue, elle adressa au ciel les pieuses effusions de sa reconnoissance pour l'ami qu'il lui avoit envoyé à l'heure du danger.

Si l'expression bienveillante, quoique mélancolique du comte de Saint-Dorval, avoit gagné sa confiance dès le premier moment, chacune de ses paroles, et la tristesse même de son foible sourire, confirmoient son inspiration, et à peine regrettoit-elle l'incident alarmant qui lui avoit fait connoître un être dont la bonté présageoit un appui solide pour l'avenir.

Il lui seroit facile de se justifier des soupçons qu'elle excitoit comme espion, et peut-être devroit-elle aux soins généreux du comte, de pouvoir arriver sûrement au château de Rosemont. Le plus léger souffle suffit pour ranimer l'espérance dans le cœur de la jeunesse, et l'imagination repousse ces obstacles que la prudence frémit de rencontrer.

Vaincue à la fin par les fatigues de corps et d'esprit qu'elle avoit souffertes, Imogène déposa sur la table le paquet quelle avoit soigneusement caché dans son sein, et sans quitter aucun de ses vêtemens, se jeta sur un lit de camp. Un profond sommeil dissipa bientôt le trouble de ses sens, et ses rêves lui retracèrent l'image de celui à qui elle devoit le repos dont elle jouissoit.

FIN DU PREMIER VOLUME.

www.ingramcontent.com/pod-product-compliance
Ingram Content Group UK Ltd.
Pitfield, Milton Keynes, MK11 3LW, UK
UKHW020113200726
13856UKWH00002B/531

9 782013 369855